看对人说对话

马银春 · 编著

中国商业出版社

图书在版编目（CIP）数据

看对人 说对话/马银春编著．—北京：中国商业出版社，2010.12（2021.7 重印）

ISBN 978-7-5044-7109-3

Ⅰ.①看… Ⅱ.①马… Ⅲ.①人间交往—通俗读物 ②语言艺术—通俗读物 Ⅳ.①C912.1-49②H019—49

中国版本图书馆 CIP 数据核字（2010）第 209267 号

责任编辑：郭　强

中国商业出版社出版发行

010-63180647　www.c-cbook.com

（100053　北京广安门内报国寺 1 号）

新华书店经销

三河市华晨印务有限公司印刷

*

710 毫米×1000 毫米　16 开　16 印张　276 千字

2011 年 1 月第 1 版　　2021 年 7 月第 2 次印刷

定价：39.80 元

*　*　*　*

（如有印装质量问题可更换）

前 言

——处世立足的两张王牌

就在本书即将完稿之时，突然看到一条新闻，被称为中国青年创业教父的马云谈自己的成功时强调：“一个人的成功与否跟情商有关系，成功不成功跟读书多少没关系。但是，跟你成功以后很有关系。成功人士不读书，他一定往下滑，而且会滑得很惨。”

的确，现今的中国企业家中，没上过大学，读书少且获得成功的大有人在。他们的成功至少说明了一点，读书的多少跟成功之间没有必然的联系。这些人成功的关键就在于马云所说的——情商。所谓情商，就是一个人在情绪、情感、意志、耐受挫折等各方面的品质。每个人的一生中，真正能影响你的应该是你的性格，你的世界观，你的价值观，你的耐心，你的信心，你的毅力，你的情绪，你的情感……

在我们身边，经常能听到这样的议论：某某特别聪明，简直就是神童，长大了肯定了不起。但是，这些人的经历往往没有像人们想象的那样，长大后成为某个领域的精英，反而，却显得比较平庸。为什么呢？有的孩子虽然很聪明，但性格孤僻、怪异、不合群、不宜合作。有的孩子自卑脆弱不能面对挫折，有的孩子急躁、固执、自负、情绪不稳定，有的孩子冷漠、易怒、神经质、难以与人沟通。特别爱以“我”为中心，什么都忘不掉一个“我”字，不关爱他人、不关心他人，总喜欢让别人围着他转。生活中，还有这样一些人，虽然智力不太出众，也不是太聪明，甚至大家认为他不可能有多大作为，但后来却成就了大事业，取得了大成就。究其原因，关键还在于他们的情商。

要提高自己的情商，首先从控制自己开始。只有管好了自己，才能有可能更好地具备成功所必需的条件。管好自己，就是控制好自己的情绪。我们每个人都不可能永远处在好情绪之中，生活中既然有挫折、有烦恼，就会有消极的情绪。一个心理成熟的人不是没有消极情绪的人，而是善于调节和控制自己情绪的人。如果情绪超越了自己能控制的范围，最好的方法不是释放或压抑，而是无为而为，要先学会定心。这是因为，坏情绪太大时，释放出来可能连自己也承受不起，也容易影响别人。心是最大的情绪控制中心，要稳定情绪必须从心开始，学习定心的方法，做自己情绪的主人。

人活在世上，谁都希望自己能“率性而为”，想哭就哭、想笑就笑、想生气就生气、想怎么样就怎么样。但在现实世界里，这些都是不切实际的幻想，永远也不可能实现，除非世界上只剩下你自己。一个人若养成了任性的习惯，那么他的每一次行动都可能被自己的情绪所左右，从而偏离正确的方向。结果，成功只能是一个遥远的梦。

康格瑞夫说过：“能支配他自己精神的人，比攻取一个城市的人还要伟大。”由此可见，自制力对人来讲是多么可贵，就在于它能够迫使自己勇敢地去执行理智的决定，能够控制那些不利于实现正当目标的心理障碍，不仅应该成为我们的一种习惯，也应该成为每个人获得成功所必备的素质。所谓自制，就是要控制住自己的各种欲望。这种欲望不仅表现在物质方面，对渴望成功的人来说，精神上的自制同样重要。衣食住行毕竟是身外之物，不少人都能克制，但精神上、意志力上的自制却非人人都能做到。

一个成功的人，其自制力表现在：大家都做情理上不该做的事时，他自制而不去做；大家都不做情理上应做的事时，他又强制自己去做。正所谓“众人皆醉我独醒”，做与不做，克制与强制，超乎常人性情之外，就是取得成功的因素。

当下社会正处于一个转型的时期，很多人和事都显得很浮躁。其实，这也是缺乏自制力的一个表现，其造成的影响已经显现出来，就是大家都觉得很累，但还得拖着疲惫的身子应酬在人与人的交往之中……

所以，在为人处世中，我们应当尽量克制自己，做人不要太任性，做事不要太随意。应当站在别人的角度，多替别人想想，少将自己当先；多一份尊重，少一点刻薄；多一点宽容，少一点计较。这样一来，你就能收获友谊，收获快乐，收获幸福！

目 录

上篇 读懂人心，才能掌握主动

下篇 说对话，才能办成事

上篇

读懂人心，才能掌握主动

第一章 知人知面又知心

生活中，我们每天都与人打交道。最复杂、最难琢磨的就是人心。为人处世，参与竞争，就要练就一双洞悉人心的火眼金睛。只有不动声色地看清人心，你才能掌握主动。

读懂人心，才能做好事情

做人必须学会知人心，做事离不开识人心。不懂不察人心是不行的，否则你就会面临一道道难以逾越的难题。

战国七雄之一的齐国，有一位宰相名叫田婴。虽然处于乱世，但他治国有方，使得齐国威名远扬。对于个人处世之道，他也懂得极多。这使得出身王族的他，没有被卷进王位争夺的旋涡，反而能够经历三朝，任宰相职位十余年之久。告老之后，被封于薛国之地，安享余年。

有关他洞察君王心意的故事，极为有名。

齐王后去世时，后宫有 10 位齐王宠爱的嫔妃，其中必有一位会继任王后。但究竟是哪一位，齐王并不做明确的表示。

身为宰相的田婴于是开始动脑筋。他认为，如果能确定哪一位是齐王最宠爱的妃子，然后加以推荐，定能博得齐王的欢心，并且对他倍加信赖。同时，新后也会对他另眼相看。可是，万一弄错的话，事情反而糟糕。所以，必须想个办法，试探一下齐王的心思。

于是，田婴命工人赶紧打造 10 副耳环，而其中一副要做得特别精巧美观。

田婴把这 10 副耳环献给齐王，齐王于是分别赏赐给 10 位宠妃。次日，田婴再拜谒齐王时，发现在齐王的爱妃之中，有一位戴着那副特别美丽的耳环。

毫无疑问，不久之后新继任的那位王后，就是当日田婴所断定而推荐的那位妃子。

心力高超的人和智力平平的人，差别只在咫尺之间，就是在那很微小的地方。有的人发现了重要的甚至石破天惊的事件，有的人却一无所见。为此，每个人都不可忽略小事，往往就在小事上，可以看出事情变化的真实情况。

春秋战国时，赵国国王赵简子想确立王位继承人。赵简子写了一篇训辞，将训辞分别写在两块竹简上，叫两个儿子各执一块，并要熟记训辞内容。三天以后，赵简子将大儿子伯鲁叫到身边，要他背诵训辞，可伯鲁一个字也背不出来。叫他把竹简拿出来看一看，伯鲁说早就丢失了。赵王虽不悦，但并未面斥。接着，赵简子又把无恤叫来，叫他背诵训辞。结果，无恤从头至尾一字不漏地背了出来。赵简子又问他竹简在哪里，无恤立即从袖中取出，并恭恭敬敬地奉呈赵王。赵简子心虽高兴，但并未夸奖。通过这次考验，赵简子了解了两个儿子的做事态度，认为无恤能严守父训，听从教育，做事认真，勤谨有礼，便确立无恤为他的继承人。

俗话说："人心隔肚皮。"我们要想真正地读懂他人心，并不是一件非常容易的事情。这是因为，很多人都力图把他们真实的想法、动机和意图等隐藏在内心深处，而不会轻易地展示给别人。但是，即使再隐蔽的东西也会不经意地通过一些外在的行为表现出来。

有一次，日本名古屋商工会议所主席土川元夫接待一位要求到他那里工作的人。谈了20分钟，他便做出决定：不能留用。推荐者问他，为什么这么短的时间就能决定取舍。土川元夫说："首先，这个人和我一见面就滔滔不绝地说个没完，根本不让我有说话的余地。我说话时，他又满不在乎，也不注意听。这是他的第一个缺点。其次，他很得意地宣传他的人事背景，说某某达官贵人是他要好的朋友，另一位名人也是常常和他一起喝酒的酒友，沾沾自喜地炫耀出来故意让我知道。最后，我关心的话题，他又谈不出来。这种人怎么能任用呢！"听了这番分析，推荐人佩服得直点头。

由此可见，会读书，更要会读人，读好了人这部大书，有助于我们事业成功。

古代思想家的识人法

在古人看来，知人是最难的一件事。庄子说："凡人心，险于山川，难于知天，天犹有春秋冬夏，旦暮之期。人者，厚貌深情。"诸葛亮也说："夫知人之性莫难察焉。美恶既殊，情貌不一，有温良而为诈者，有外恭而内欺者，有外勇而内怯者，有尽力而不尽忠者。"所以，古代思想家在如何鉴定人格的问题上多有探讨。如孔子、庄子、鬼谷子、韩非子、吕不韦、王充、刘劭、诸葛亮、魏徵等分别提出各自的人格鉴定方法，又称知人法。兹列举如下：

第一，孔子的"听观法"。孔子不仅从多角度提出知人的依据，而且还提出自己的知人方法。他认为，知人不能只是"听其言"，还要"观其行"，即"观其所由，察其所举，视其所安"。只有将"听言"与"观行"结合起来，长期考察，才能知人。

第二，庄子的"九征"法。庄子认为"人者貌厚情深"，所以知人甚难。但并非不可知，于是他提出知人"九征"法。他说："故君子远使之而观其忠，近使之而观其敬，烦使之而观其能，卒然问焉而观其知，急与之期而观其信，委之以财而观其仁，告之以危而观其节，醉之以酒而观其侧，杂之以处而观其色。九征至，不肖人得矣。"此说对后世影响甚大。

第三，鬼谷子的"揣情术"。鬼谷子发明了一种知人心理的"揣情术"。对此，他解释道："揣情者，必以其甚喜之时往。而极其欲也，其有欲也，不能隐其情，必以其甚惧之时往；而极其恶也，其有恶也，不能隐其情，情欲必失其变。"这里的"欲"是指欲望、爱好；"恶"指厌恶。就是说，通过观察人在极高兴或极惧怕时的好恶表现，可以了解人的内心真情。故名"揣情"。

第四，韩非子的知人术。韩非子提出御臣七术，其中"三术"是讲知人的方法。韩非子说："主之所用也，七术。所察也，六微。七术，一曰众端参观，二曰必罚明威，三曰信赏尽能，四曰一听责下，五曰疑诏诡使，六曰挟知而问，七曰倒言反事。此七者，主之所用也。"其中，"众端参观"就是要从各个方面考察臣子的言行；“挟知而问”就是明知故问；“倒言反事”就是正话反说，正事反做。后两项用来考察臣子是否忠诚、可信。

第五，《吕氏春秋》的“八观六验”法。《吕氏春秋》写道：“凡论人，通则观其所礼，贵则观其所进，富则观其所养，听则观其所行，止则观其所好，习则观其所言，穷则观其所不受，贱则观其所不为。喜之以验其守，乐之以验其僻，怒之以验其节，惧之以验其特，哀之以验其仁，苦之以验其志。八观六验，此贤主之所以论人也。”此说是对庄子“九征”法的发展。

第六，王充的“以言观心”法。王充，东汉杰出的思想家。他在《论衡》中提出“以言观心”法。他说：“何以观心？必以言。有善心，则有善言。以言而察行，有善言，则有善行矣。言行无非，治家亲戚有伦，治国则尊卑有序。无善心者，白黑不分，善恶同伦，政治错乱，法度失平。故心善，无不善也；心不善，不能善。心善则能辨然否。然否之义定，心善之效明，虽贫贱困穷，功不成而效不立，犹为贤矣。故治不谋功，要所用者是；行不责效，期所为者正。正是审明，则言不须繁，事不须多，故曰：‘言不务多，务审所谓。行不务远，务审所由。’”

第七，刘劭的“八观”“五视”知人法。何谓“八观”？刘劭在《人物志》中写道：“八观者，一曰观其夺救，以明间杂。二曰观其感变，以审常度。三曰观其志质，以知其名。四曰观其所由，以辨依似。五曰观其爱敬，以知通塞。六曰观其情机，以辨恕惑。七曰观其所短，以知所长。八曰观其聪明，以知所达。”何谓“五视”？刘劭在《人物志》中又写道：“居，视其所安；达，视其所举；富，视其所与；穷，视其所为；贫，视其所取。然后乃能知贤否。”

第八，诸葛亮“知人七法”。诸葛亮一方面强调知人之难，另一方面又认为：“知人之道有七焉。一曰问之以是非而观其志；二曰穷之以辞辩而观其变；三曰咨之以计谋而观其实；四曰告之以祸难而观其勇；五曰醉之以酒而观其性；六曰临之以利而观其廉；七曰期之以事而观其信。”不难看出，诸葛亮的“知人七法”是对庄子、吕不韦、刘劭等人知人之法的发展。

第九，魏徵的“六观”法。魏征，唐太宗时代杰出的谏臣，博学多智。他在贞观十四年上太宗疏中提出知人“六观”法。他说：“贵则观其所举，富则观其所养，居则观其所好，习则观其所言，穷则观其所不受，贱则观其所不为。”

综观古代思想家的人格心理学思想，主要集中在先秦、汉魏六朝和唐代。唐代以后，少有惊人之说。这也说明，中国古代社会走过鼎盛时期以后，其思想领域也在承袭旧说中走向衰微。比较来看，我国古代的人格形成、分类、鉴定思想多有独到之处。有些问题，西文现代心理学家还在研究之中，而中国古代思想家却早已以整体思维的方法跨入真理的大门。如鉴定人格的情境法、诗文书画分析法等。所以，总结并继承我国古代这方面的优秀的思想遗产是很有必要的。

发展中看人，变化中识人

古语云：“士别三日，则当刮目相看。”这就是说，人是在不断变化的。如果用静止、孤立的观点识人，就会把人看错。只有在发展中识人，才能真正做到知人善任。

世上万物都处于无休止的运动、发展、变化中，人也不会一成不变。随着主客观条件的改变，人的思想、品德、知识、才能也会不断地改变。因此，要知人必须在发展中看人，在变化中识人。具体说来，在识人上要注意以下几点：

第一，“先入为主”不可取。我们与不相识的人初次见面时，一般先给我们留下的印象总是对方的外貌。外貌（包括长相如何、风度怎样等）似乎决定着“第一印象”的好坏。他人给我们留下的“第一印象”是相当深刻的。但是，我们认识人不能只停留在“第一印象”上。“第一印象”只是对一个人的认识的起点，而不是终点。因此，“第一印象”具有一定程度的表面性和片面性，有时还会有虚假性。并且，“第一印象”也常常受我们的生活经验的影响，往往为我们个人的好恶倾向所左右。须知，“第一印象”基本上是由直觉得出的。我们对直觉不能不信，也不能全信。直觉往往最纯净、最不被掩饰，但它也往往是最简单、最肤浅的。记住：全然相信“第一印象”是幼稚的，甚至是危险的，应当去验证它。如果后来所观察到的事实与“第一印象”不符，就应尊重事实，去除先入之见。

第二，将心比心，设身处地。这不仅有益于搞好人与人之间的关系，也是了解别人的最简单的一个方法。将心比心，设身处地，有助于更加深入地认识一个人。有时候，我们常常百思不得其解：“这个人为什么会这样呢?”其实，只要你在内心假设处在此人那样的位置和情况，你会怎样做，就会明白此人的行为。你也许会发觉，你也不得不和此人曾经做过的一样，甚至还不如此人。

第三，保持适当的距离。要知道，“情人眼里出西施”。两个互相很要好的人，彼此在内心留下的都是对方美好的形象。这对于认识一个人是不利的。从这个意义上说，“熟知并非真知”。心理学研究表明，人对人恰如其分而正确的理解无须经过长期的、过分亲密的熟悉。在时间长短、密切程度和恰如其分的认识等参数之间，最有可能存在曲线关系。更准确地使人们彼此相互理解，必须有某种最适合的时间和适度的密切程度。这两者是相互依存的，如有一方面不合适，就会限制有关的必要信息。与此同时，长时期过于密切的相处，很可能歪曲相互理解的准确性，给对方凭空抹上许多色彩，或过高地估计对方。因此，在与一个人的结识时间不过长、关系不过密时，头脑最冷静客观。这时，对于正确地认识此人是最适宜的。

第四，运用比较的方法。俗话说：“不怕不识货，就怕货比货。”认识人也是这样。见的人多了，就会自然而然地感觉到张三与李四的差别、李四与王五的不同了。可以说，心理比较是人们普遍的心理状态，没有比较是不可能的，问题在于怎么比。如果对比的方法正确，会收到良好的效果。“横看成岭侧成峰，远近高低各不同。”如果只有横向视野，没有纵向视野，或者只看近不看远，就会由此产生各种错觉、猜疑和误会。

第五，跳出感情的圈子。培根说：“情感以无数的而且有时是觉察不到的方式来渲染和感染人的理智。”《圣经·诗篇》中说，一个人情感激动时，“虽有耳朵，却听不见”。古诗云：“不识庐山真面目，只缘身在此山中。”只有跳出感情的圈子，摆脱利益的束缚，心平气和地去观察了解一个人，才会有更清楚的认识。正确地认识一个人之所以极其困难和复杂，主要原因就在于感情对我们理性的干扰和影响，使我们在认识上陷入误区。

第六，不以所结交的人来判断。“物以类聚，人以群分。”人们总是喜欢与自己志趣相投的人，也总是喜欢与自己相似的人交往。一个喜静、乐于思考、性格内向的人，一般不会喜欢与大吵大嚷、轻浮、外向的人交往；一个行为主动、办事沉着的人，一般也不会喜欢一个行为被动消极、办事急躁慌张的人。由于各种原因，有时人们会结交与自己截然相反或者反差很大的人为友做伴。但只要仔细分辨一下，真正从内心喜欢的，还是和自己相似的人。

第七，以貌取人。“人不可貌相，海水不可斗量。”如果仅以相貌来判断人，最终会失误的。唐朝的安禄山，长得肥胖，肚子很大，一副忠厚的样子。一次，唐玄宗问他：“你这肚子里都装些什么玩意儿?”安禄山答道：“我的肚子里装的只有对你老人家的赤胆忠心，别的什么也没有。”唐玄宗听了心花怒放，对安禄山越发信任。可后来，安禄山却兴兵作乱。其实，人的相貌之好坏，与其内在素质之优劣，并非都是成正比的。据说，大圣人孔子满脸是毛，相貌不佳；周公又瘦又小，像干枯的树桩。但他们都功业卓著，名垂千古，使后人仰慕不已。而桀和纣，尽管长得英俊高大，是当时天下有名的美男子，结果却遗臭万年。

第八，要一分为二地看。高尔基在他的长篇小说《三人》里，曾经借主人公伊利亚的口说过这样的话：“如果一个人是坏的，也还有好的地方；如果一个人是好的，也还有坏的地方。我们的灵魂是多色的，随便什么人都是如此。”这就说明了人没有十全十美的，不要全盘肯定也不要全盘否定，从而做出极端的判断。作为社会人，其心灵世界是极其复杂、极其丰富的，不可能是单色的。

总之，只有在实践中考验、识别一个人才是最可靠的，才能减少判断失误，才能做出准确判断。

读懂气质，识别人心

一个人的气质和他的行为有着密切的关系。气质常常是决定一个人行为的方式，而行为又表现为与气质相吻合的特征。辨别一个人的气质，对于合理调配人的行为规范是有重要影响的。

从今天的观点来看，人的气质确实与先天气质有关系。要了解那些从娘胎里给我们带来的气质特征，对照下列内容可以观其大概：

第一，躁郁型。能与性格古怪、思维方法不一样的人轻松往来；乐意为他人服务；听到悲哀的话，立即为之感动；做事冲动，常办错事；常被他人称为“好好先生”；遇事不冷静思考，就立即采取行动；服从分配，领导叫干啥就干啥；对初次见面的人，很容易亲近；能轻松地与人谈笑，开玩笑；不古怪，不别扭。

第二，积极型。刚毅勇敢，不输他人；不重利，认为得利必有失；坚定自己的信念；善于自我解释；经常积极、活跃地活动，与自己的心情好坏无关；动手能力强，自我倾向性强；不易接受他人意见；做事有恒心，失败了不灰心，顽强奋斗，坚持到底；不受他人情绪好坏的影响。

第三，分裂型。不善交际，独自一人也不寂寞；宁愿多思考，也不轻易采取行动；呆呆地似乎在想什么问题；对他人的喜怒哀乐并不介意；人家都娱乐时，他会因自己的某一件事而忧虑；有点神经质，对世俗的反应显得迟钝；给人的印象是冷淡，不易亲近；并非恶意，但有时会挖苦人家；进入新环境中，不容易与他人亲近；对任何事物总是从广泛的角度去深思理由，不喜欢在某一规定范围内行动。

第四，黏着型。做任何事一开始就孜孜不倦，有耐心；常被人指责为不通融合群；做事毫不马虎；与人交往中绝不缺情，正义感很强；做事时，原则性很强，但方法不太漂亮；常勃然大怒；专心处理一件事时，未做完之前，其他事一概不管；心情好时，动作也来得慢；一方面积极，一方面保守；喜好洁净。

第五，否定型。内心烦恼，但表情上不表露；自卑感强；做什么事都犹豫不决，没有决心做下去；不希望想的事，偏偏要留在脑子里想；即使是微不足道的小事，也表现出恐惧之感；自己做过的事，时常挂念在心里；对做过的什么事都没有满意的时候；已经过去的不顺利的事，老记在心里，闷闷不乐；意志消沉，没有耐心；应该说的，不敢说出来。

第六，折中型。有时含着微笑讲话，有时却冷淡对人；时常无缘无故地不耐烦，大发雷霆；平时心情悲观，但有人安慰时显得高兴、愉快、任性，说话表情过分；相信道听途说，容易接受他人暗示；喜欢华丽，好摆阔气；有时会撒娇；多嘴多舌，但感情冷淡；喜好炫耀自己。

除人的类型之外，血型也是影响气质的重要因素。我们知道，每个人都有自己的血型特征、气质特征和性格特征。血型特征与气质特征都以遗传因素为主，绝大多数成分产生于先天。而性格特征则因人的后天修养累积而成，可以改变，也或多或少地影响人的气质特征。概括地说，气质既是内在的修养，又是外在的表现。人可以用知识来弥补气质上的不足，遮掩其中的缺点，并使优点发扬光大。

如果观察不到这些，而只凭一个人的长相选拔人才，那十有八九是错误的。

识别人才，加以任用

要识别一个人有什么才能，应从多方考虑，方能加以任用。

第一，处事不惊。西晋的谢安，先前隐居不仕。出山之后，他处世平和，每临大事都镇定自若。淝水之战，他指挥若定。当捷报传来，他双眼盯在棋盘上，一副成竹在胸、荣辱不惊的风度。西晋大司马桓温来朝见皇帝，桓温当时权倾朝野。孝武帝下令谢安和王坦之到新亭去迎接他。当时，首都流言四起，谣传大司马桓温一来，就要杀王坦之和谢安。因此，王坦之非常害怕，谢安却一如平常，神色安详。桓温到了后，文武百官都跪倒向大司马致意。王坦之吓得浑身是汗，衣服都浸湿了，上朝的笏板也拿颠倒了。谢安则态度从容，坐在自己的位子上，对桓温说："我听说诸侯的责任，就是把守国家的边疆，您何必在屏风后面布置那么多的士兵呢？"桓温笑说："这也是不得已才这么做的。"于是，命令士兵全部退了出去。桓温与谢安共商国家大计，谈得很投机，天黑了都不知道。

第二，坚持原则。明朝王翱任吏部尚书，掌握选拔官员的人事大权。他为人廉洁、忠厚，能坚持原则，办事不循私，谢绝私事会见。每次选拔官员，如因皇帝召见，便交副职代理，他回来虽晚，也抽空认真审阅，唯恐选择不当。他选拔官员不使人知，说："吏部岂快恩怨地耶。"女婿贾杰在京附近任职，翱夫人数次派人去迎接女儿回家。贾杰对妻子发牢骚说："若翁典铨，移我官京师，反手尔。何往来不惮烦也？"夫人听了女儿的诉说，便向王翱求情，让他把女婿调回京师。王翱生性秉直，气得以手推台案，伤及夫人脸部。他的女婿最终没能回京师。

第三，诚实可信。春秋时，晏子出使楚国。楚国人在城墙上说，晏子原来是个小矮子呀。晏子听见了，大声说："是呀，晏子是个小矮子。"晏子继续往前走。楚国人又在城墙上说："晏子原来长得丑啊。"晏子听见又大声说："是呀，晏子长得丑。"这时，有人大声反驳说："晏子是齐国的贤臣啊，他多次挽救了齐国。"晏子听见了，也大声说："是呀，我是齐国的贤臣啊。"国君知道了这个故事后，评价说："能够正视自己的缺点，又不避讳自己的优点，自古以来，晏子是第一人。"诚实是一个人在世上立足的根本，离开了这个基本点，人生就会偏离固有的轨道。对于识别下属来说，更是如此。

第四，用人所长。凡是谋大事创大业的人，大多很注意发掘和使用人才，如刘备之用诸葛亮、刘邦之用萧何、秦始皇之用商鞅与李斯等。用人的方法是："必须发掘对方的优点，容忍他的缺点，使人有被重视的感觉。以这种方法接近对方，逐渐喜欢他，然后用他的长处。"美国钢铁大王卡耐基认为："如果我能看到部属的长处，敢于使用比我强的人，不就证明我比谁都强，我是强大的管理者吗?"一个领导者，一个优秀的管理人员，一定要做真正的"伯乐"，既不能任人唯亲，重用歪才，也绝不能苛求全才，而对在某些方面有缺点或弱点的人弃之不用。

第五，不慕虚名。过去，晋人车胤因家贫，晚上不能秉烛读书，便收集萤火虫进行夜读。他这种刻苦好学的精神，被人们传为佳话。后来，也有一个读书人学着车胤的做法，也在邻里乡里得到赞扬。有一个本乡人很敬仰他的行为，一天清早就去拜访他，但他的家人说他出去了。这位本乡人感到奇怪，问道："为什么深夜囊萤读书，而清晨却到别处去呢?"读书人的家人说："没有别的原因，他是为捉萤火虫外出的，傍晚就回来了。"本乡人这才明白，原来大家所仰慕的是这种所谓的"囊萤夜读"的虚名。假使这个读书人白天闭门读书，也许就没人去拜访他了。这个故事中的读书人为了获得囊萤夜读的好名声，不惜将白天的大好时光用来外出捉萤火虫，真是虚荣得过分。他如此地"刻苦"读书，其效果是可想而知的。而当人们明白真相之后，又该怎样地嘲笑他呢? 往往做一件事情，埋头踏实地苦干时，别人并不知晓，而大肆张扬炫耀，总会博得一些赞扬。但如果因为图虚名而减损实际效果，最后就要由于名不副实而落下笑柄了。所以，识别他人，就要吸取上面故事中那个读书人的教训。对于一位领导来说，在下级毫无防备的情况下，探其是否诚实，是识别下属的一种行之有效的办法。

第六，安于平淡。平淡是一种修养的境界。立身淳厚而不成于浅薄，外表朴实而不崇尚虚华，抛弃浮华而选择平淡，是领导做人的准则。三国时期，周瑜是吴国的三军统帅，潇洒而又朴实。程普说："与周瑜在一起，就像饮醇酒一样，不知不觉就自然醉了。"君子表面上看起来朴素平淡，不修饰不华丽，但含蓄内敛，给人淡如菊之感。从平淡处识清秀，是一种思想上的别具慧眼，是有内涵的一种标志。

第七，肯于思考。北魏世祖拓跋焘将征伐凉州，议者都认为凉州无水草，难于行军，故都进谏，不赞同征战。伊馥说："若凉州无水草，何得为国? 议者不可用也。”拓跋焘认为，他说得对。凡人所居之处，必有水草。没有水草，人何以活，也就无人居了。既然凉州能建国，必然有水草，这是一般常理。诸臣认为无水草，只是听传闻，人言亦言，因而盲目反对，可见他们的智力远不及伊馥。伊馥既有武勇，又有智谋，是一位文武全才的将领。因此，拓跋焘认为他前途远大。后来，伊馥为人忠谨，屡建战功，以功赐爵魏安侯，加冠将军之职。

识对人，才能用好人

人才犹如冰山，浮于水面者仅30%，沉于水底者达70%。因此，识别人才一定要使使“放大镜”、用用“望远镜”，才会合理地使用人才。

怎样才能识人？这是每个管理者必须具备的能力。

管理者要想识对人，首先必须越过客观障碍。

第一，人不能以科学方法分析试验。正所谓：“知人知面不知心。”外有所感于物虽同，内有所触于心则异；人之表里未必如一，因人心不同，各如其面；有诸内者，未必形诸外，愿乎者，未必存乎内。所以，孔子说：“以貌取人，失之子羽；以言取人，失之宰予。”

第二，人之学行，因时而易；互有长短，隐显不一；其变化因时因地均各有不同，甚至同一人在同一日情绪亦有所变异，起伏难测，捉摸不定。

其次是主观障碍。

第一，好恶爱憎囿于个人心理偏见与成见，评价者对被评价者的一二种品质具有良好印象时，对其所有品质都会评价高，反之亦然。因此，憎者惟见其恶，爱者惟见其善。孟子说：“人莫知其子之恶，人莫知其苗之硕。”司马光也讲：“心苟倾焉，则物以其类应之，故喜则不见其所可怒，怒则不见其所可喜；爱则不见其所可恶，恶则不见其所可爱。故爱憎之间，所宜详慎。若爱而知其恶，憎而知其善，人可去邪勿疑，任贤勿贰。”有时，领导者本身缺乏鉴评他人之能力，或私心自用，忌直才、喜奴才，以求巩固其既得权益，亦因此而埋没人才。

第二，受资历、资望、资格、现实问题等因素的限制，人才易被埋没。我们若一旦误奸为忠、误恶为善、误愚为智，则必误人误己，败事有余。反之，亦两失其平。故欲求知人善任，必先去除上述障蔽，方能奏其功效。

第三，个性各异，每个下属的个性都有差异，这是因为所处环境、不同的经历、所受的学识等方面的影响所形成的。具体地讲，决定个人的因素很多，包括出身、背景、环境、习惯、交友、阶层、职业、生理、动机、愿望等。故身为企业领导，要知道下层的个性必须客观了解对方体形、容貌、身世、品德、性格、修养、智能等情况，而加以深切体察，设身处地地了解对方本质及其环境，进行合乎情理的评价，万不可先入为主，臆断为事。

古人认为，用骏马去捕老鼠，不如用猫；饿汉得到宝物，还不如得到一碗粥。用物、用人，在于得当；使用不当，埋没了宝物、人才，还收不到应有的效果。所以，在管理中应根据人的不同情况而采取不同的办法。要成为一个有远见的领导，必须懂得人是有个性、有特征的。只有了解人的个性特点，才能真正管理好企业。

以下几点就可作为参考：

第一，有德者不看重金钱，不能用物利引诱他，可以让他管理财政。

第二，勇敢者蔑视困难，不能用艰险去强迫他，可以让他处理紧急事务。

第三，壑智者通达礼数，明于事理，不能假装诚信去欺骗他，可以让他负责要事。

第四，愚拙者容易被欺骗，不可从事谈判、判断工作。

第五，不忠者容易动摇，不可让其知道商机。

第六，贪图钱财者容易受引诱，不可管理钱财。

第七，重情者容易变换观念，不可让其做决策者。

第八，杂乱者容易把事情弄得乱七八糟，不可从事井然有序和长效性的工作。

办成事离不开知人心

曹雪芹所著的《红楼梦》中有这样两句诗："世事洞明皆学问，人情练达即文章。"因此，办成事离不开人情，不知晓人情是万万不行的。要通晓人情，就要有一种设身处地、将心比心的情感态度。

换言之，就是要做到《论语》中所说的"己所不欲，勿施于人"。具体说来，就是：用自己的心推及别人；自己希望怎样生活，就想到别人也会希望怎样生活；自己不愿意别人怎样对待自己，就不要那样对待别人；自己希望在社会上能站得住脚，能通达，也帮助别人站住脚，变通达。总之，要从自己的内心出发，推及他人，去理解他人、对待他人。简单地说，就是自己不愿意的，不要强加给别人。

有"霸王"美誉的项羽就是其中之一。为什么这样说呢？因为他有"霸王"美誉却没有王者的习气与风范。他一心想成就霸业，称王称帝，却想不到手下的弟兄也想当官，光宗耀祖。该加官赐爵的时候，在他手中的爵印都被磨损了，他仍然舍不得颁发下去。因此，他不仅输掉了人情，更输掉了事业。

怎样才能做到通人情呢？这就要做到察言观色，识人心。

俗话说："言未出而意已生。"在人们的现实生活中，常常会有吞吞吐吐，欲言又止的现象发生。但这时候，你内心的真实想法也已然是泄露了。下面就是几个察言观色，识人心的具体办法：

第一，在正式场合说话时，先清喉咙的人，多数是由于紧张或不安。

第二，说话时不断清喉咙的人，可能还伴有焦虑。

第三，故意清喉咙，有时是为了表达一种不满的情绪，意为我要不客气了，是对别人的警告。

第四，说话支支吾吾，这是心虚的表现，说明此人内心不诚实。

第五，说话阴阳怪调，表明此人内心卑鄙，心怀叵测。

第六，内心平静的人，声音也会心平气和。

第七，喋喋不休是人浮躁的一种表现。

第八，善良温和的人，话语总是不多。

第九，说话模棱两可，证明此人心中有疑虑不定的思想。

第十，内心柔和平静的人，说话极富亲和力。

从语言的密码中破译对方的心态，闲谈是了解对方的一种最好方式。

第二次世界大战中期，东条英机出任日本首相。此事是秘密决定的，各报记者都很想探得秘密，竭力追逐参加会议的大臣进行采访，但都一无所获。

在常规办法行不通的情况下，有位记者改变了策略，用心研究了大臣们的心理定式。会议大臣都不会说出由谁出任首相，假如问题提得巧妙，对方会不自觉地露出某种迹象，从而有可能探得秘密。于是，他向一位参加会议的大臣提出这样一个问题：此次出任首相的人是不是秃子？这么问并不是无中生有，因为日本首相当时有三名候选人：一个是秃子，一个是满头白发，一个是半秃顶。这个半秃顶的就是东条英机。在这看似无意的闲谈中，聪明的记者就从这位大臣听到问题之后的犹豫神色，推断出最后的答案。因为对方停顿下来，肯定是在思考：半秃顶是否属于秃子？他也因此得到了独家新闻。

这个故事不仅告诉我们知人心的重要，还告诉我们，在遇到某些常见的现象后，不要以一种单一的思维方式思考问题，而是要多方位、多角度地去探究问题。

立体透视，识人于全

人的潜意识中隐藏着感情、需要、性格、想法、长处、缺点等许多东西，这许多部分构成人的整体。反过来说，人的整体如同一个立体事物一样，是多面的。每个部分构成了一个人的面，通过面可以判断一个人的本质属性。但并不是所有的面都和这个人的本质属性相一致，人的本质属性是由大多数的面决定的。如果把人的个别面当成大多数的面、把部分当成整体，就会犯“盲人摸象”的错误。

“盲人摸象”的故事尽人皆知。它讲的是：几位盲人摸象，摸到脚的盲人说像桶一样；摸到尾巴的盲人说像扫帚一样；摸到肚子的盲人说像鼓一样；摸到耳朵的说像笊篱一样；摸到牙的说像角一样；摸到鼻子的说像粗绳索一样。盲人由于视觉的障碍，看不见大象的立体画面，每人只摸到象的一部分，却把它当作整体。这个故事给所有知人识人者如何去全面认识他人以很深刻的启示。

例如，把偶然犯错误的同志看成“屡教不改”，把偶尔做一两件好事的人当成先进人物，这样的后果必定造成知人识人的失误。要避免发生“盲人摸象”的错误，就必须借助于“立体透视法”来知人识人。所谓“立体透视法”，就是对对象做全面性的综合考察透视，反映这个对象的整体以及这个整体和部分事物所构成的立体画面。

我们遇到某些常见的现象后，不要只用一种思维，只停留在常规的疑问上，而要多方位地去探究问题。牛顿看到苹果从树上掉下来，他想，为什么苹果往地下掉，而不往天上去呢？他从相反的角度思考问题，发现了地球引力。知人识人者在认识他人时也是一样，既要善于从正面角度去思考问题，也要善于从相反角度去思考问题；既要从历史角度看待他人，更要从现实角度衡量他人；既要考察他人的个体素质，又要考察他人在群体和组织中的行为表现；既要从品德角度、才干角度、行为角度去考察人，也要从气质角度、喜好角度去衡量人。只有这样，才能判断和识别其真实能力。

“管鲍之交”历来被称为千古佳话，其中固然赞扬了管仲的治国才能，但更重要的则是赞扬了鲍叔牙的慧眼识人。

管仲，名夷吾，东周时期齐国人。他生得相貌魁梧，精神俊爽，有经天纬地之才、济世匡时之略。最初，他怀才不遇，只好与鲍叔合伙做买卖。赚了，他常常多拿一倍。不少人认为他太贪，议论纷纷。后来，管仲一连三次当小官，又三次被免职。好多人笑他无能，鲍叔却为之辩解：“管仲是治天下奇才，曲高和寡，这只能怪上司太笨拙，不会用他！”管仲知悉后，无限感慨，便与鲍叔结为生死之交。

数年后，管仲、鲍叔分别做了齐国国王的儿子公子纠和公子小白的师傅，各为其主，尽心尽力。国王死后，两公子为夺王位发生激烈的争斗。管仲为保公子纠上台执政，箭射小白，小白险些丧命。但不久还是小白做了齐国国君，即齐桓公，而管仲陪着公子纠流亡鲁国。鲁国为了鲁齐关系，杀了纠，并把管仲押送齐国。当时受重用的鲍叔闻知，亲自迎接囚车，释放管仲，并把他安排到自己家中去住。鲍叔又面谏桓公，饶恕管仲且委以重任。桓公这时才知道，管仲的确是位难得的人才！于是，桓公拜管仲为相，尊其号曰仲父，并且规定：不许犯夷吾之名；不问贵贱，皆称其字“仲”。齐桓公称霸，九次会合天下诸侯，匡扶天下正道，都用了管仲之谋。

管仲说：“当初我贫穷时，曾与鲍叔牙一起做买卖。分财利时，我常常多占，鲍叔牙却不以此认为我贪，因为他知道我家贫。我曾经为鲍叔牙谋事，结果却使他更窘迫。鲍叔牙不因此认为我这个人很愚蠢，因为他知道时机有时有利、有时不利。我曾经几次出仕，却屡次被国君罢免。鲍叔牙不据此认为我无能，因为他知道我没有碰到好时机。我曾几次带兵打仗，却屡战屡败。鲍叔牙不因此以为我这个人胆小，因为他知道我家有老母需要供养。公子纠与小白争位失败后，召忽自杀，我被囚禁起来，忍受侮辱。鲍叔牙不因此认为我这个人不知羞耻，因为他知道我不以小事为耻，而只耻功名不显扬于天下。所以说，生我的是父母，而真正了解我的是鲍叔牙先生。”

鲍叔牙推荐管仲后，他的职位在管仲之下。他的子孙世代都在齐国享受俸禄，其中有封邑的有十多代，子孙中有许多人都成为有名的大夫。相比之下，天下人很少称道管仲的才能，而常常称道鲍叔牙有知人之明。

从上面的事例中可以清楚地看出，如果用常规、片面的观点识人，会把人看错。只有多角度、全方位地识人，才能真正做到识人识得更全面、更到位。

言出必行的人，值得信赖

我国自古以来就崇尚守“信”。“一言既出，驷马难追”的训导古已有之，而且，古人早把能够守信的人叫丈夫，而将不能守信的人视为小人。期之以事，既可通过实践检验一个人的才能和诚信，也可检验自己识人是否正确。

《诸葛亮·知人性》中的“期之以事而观其信”是说，和他约定事情而察看他是否诚实、守信。“仁、义、礼、智、信”虽然是旧礼教所规定的人们必须奉行的封建道德标准，但任何时候知人识人必须考察和掌握被认知者的诚实可信程度。“人而无信，不知其可。”一个谎话连篇、阳奉阴违、出尔反尔、反复无常的人无论如何是不可依靠的。无论是合作共事还是交友谋才，一个不能真心实意忠于对方的人，任何人都是不应该信任他的。只有那些经过多次测试，确实言出必行的人，才是可以信赖的。

秦时，张良亡匿在下邳一带。有一天，他信步闲游，路过一座小桥。有个穿黑衣服的老头来到张良跟前，故意将自己的鞋子踢到桥下，对张良说：“小孩子，下去替我把鞋拾上来!”张良很吃惊，本想将这老头殴打一顿，但又看到是个老人，便强忍怒火，下去把鞋拾了回来。

谁知，这老头又说：“把鞋替我穿上。”张良觉得，既然已把鞋给他拾回来，穿就穿吧，便跪在地上将鞋给他穿上。老头毫不客气地伸着脚让张良穿好后，笑着走了。张良很惊讶，瞪眼看着老头走去。老头走出有一里远的路，又返回对张良说：“你这小孩子可以教育呀！五天之后天亮时，在此等我。”张良觉得很奇怪，跪着答应说：“行。”五天后，天亮时，张良来到那个地方。老头已经先到，很不高兴地对张良说：“与老人约定时间相会，为什么要迟到?”说着，起身便走，并告诉张良：“再过五天，早点来会面。”五天后的鸡鸣时，张良又去那个地方。老头又先来了，并再次发火对张良说：“五天之后，再早点来。”等到第五天时，张良不到半夜时就到了那个地方。过了一会儿，老头也来了，高兴地说：“应该如此。”他拿出一套书交给张良：“读好这套书，可以做帝王的老师。”说罢就走，再也没出现。张良等到天明看这书，原来是《太公兵法》。后来，张良投奔刘邦，在楚汉相争中，“运筹帷幄之中，决胜千里之外”，为建立汉王朝立下不朽功勋。

这个故事中的黄石公就是以穿鞋这一点儿事，探知张良是个能恭谦下人、礼让老人的人，才赠给他宝书的。

看一个人守信与否，可以断其人是丈夫，还是小人。不守信誉的人与好友约定相见，经常迟到，但和客户谈生意时，却一定比对方提前。这样的人总认为，彼此既然是好友，守不守时没有关系。殊不知，这种想法和做法是大错特错的。

马来西亚文人朵拉写过一篇文章，题目叫《答应不是做到》。作者在总结人们的应酬交际活动时，提出了人们在交往中的一种不诚实、不信守诺言的现象。这类交际者“承诺时，态度看起来非常诚恳，随着时间漂移，往往把说过的话当成风中的黄叶，霎时便无影无踪”。时常用自己的心去度朋友之腹，结果得到的是自己的误解。这时，也用不着去埋怨被谁欺骗，欺骗自己的其实正是自己。

《庄子·齐物论》中说，有个养猴人对他的猴子说：“我早上给你们三个栗子，晚上给四个栗子。”猴子听了，都不满意，嗷嗷直叫，龇牙咧嘴。养猴人马上又对猴子说：“那么，我早上给你们四个栗子，晚上给三个，怎么样？”猴子就高兴起来了。这些猴子的高兴大概只是暂时受蒙蔽所致。天长日久，聪明的猴子自然会悟出主人的狡诈和卑鄙，从此不再相信他，而且仇恨他。那时候，养猴人可就要自认倒霉了。朝三暮四式的狡诈，必然最终失信于人。

失信于人，不仅显示其品行不端、人格卑贱，而且是一种只顾眼前不顾将来、只顾短暂不顾长远的短视行为。这种人终将一事无成，搬石头砸自己的脚。失信于人，大丈夫不为，智者不为。一个说话不算数的人，处处说话都不算数。他在日常生活中，无论对大人对小孩、对妻子对父母、对同事对朋友、对上司对下属、对名人对凡人、对老师对同学，对什么人都会说话不算数。

做人之道，大概没有什么比诚笃守信、取信于人更为重要的了。一个人与人交往时，只要他能做到诚实守信，其他方面的缺陷尚且可以得到宽容忍让。反之，若失去了这个根本，我们便可推知此人不可信，是不愿与他共事也不愿与他打交道的。

患难之中，识人的佳期

如何对待处于逆境中的人，这是检验一个人的最佳时期。

有些人不明白“福兮祸之所倚，祸兮福之所伏”，30 年河东，30 年河西，人家今天落难，明天可能就会发迹，即福与祸、荣与辱、兴与衰的转换道理。因此，喜欢欺负别人，尤其在别人落难时，采用“势利眼”、落井下石的手段，这种人是没有爱心的。

有的人就不一样，他对那些身处逆境的人，不但不对其冷言冷语，以轻蔑的眼光视之，反而是充满恻隐之心，好言相劝，热情勉励，给予精神上的抚慰，乃至慷慨解囊都在所不惜。这样的人一般是具有广博的爱心与宽容之心的。

托尔斯泰说过：“上帝有三个住处：其一是在天堂；其二是在慈善；其三是在富有恻隐之心者的心里。”恻隐之心是善良的道德观所启发的一种情感反映。一个人能够在别人身处困境时有恻隐之心，并给予慰藉与同情，往往表现其真正的高尚风格。有句谚语：“在你需要时出现的朋友，才是你真正的朋友。”

晋代有一个人叫荀巨伯，一次去探望朋友，正逢朋友卧病在床。这时，恰好敌军攻破城池，烧杀掳掠。百姓纷纷携妻挈子，四散逃难。朋友劝荀巨伯：“我病得很重，走不动，活不了几天了，你自己赶快逃命去吧！”

荀巨伯却不肯走，他说：“你把我看成什么人了？我远道赶来，就是为了来看你。现在，敌军进城，你又病着，我怎么能扔下你不管呢？”说着，便转身给朋友熬药去了。

朋友百般苦求，叫他快走。荀巨伯却端药倒水地安慰说：“你就安心养病吧，不要管我。天塌下来，我替你顶着！”

这时，“砰”的一声，门被踢开了。几个凶神恶煞般的士兵冲进来，冲着他喝道：“你是什么人？如此大胆！全城人都跑光了，你为什么不跑？”

荀巨伯指着躺在床上的朋友说：“我的朋友病得很重，我不能丢下他独自逃命。”他正气凛然地说，“请你们别惊吓了我的朋友，有事找我好了。即使要我替朋友而死，我也绝不皱眉头！”

听着荀巨伯的慷慨言语，看着荀巨伯无畏的样子，士兵们很是感动，说：“想不到这里的人如此高尚，怎么好意思伤害他们呢？走吧！”说着，敌军撤走了。

这就是所谓“患难之中见真情”。在平时，我们也经常会对那些为我们雪中送炭的朋友感激不尽，甚至终生难忘，而对那些在需要他们的时候有意逃避的人嗤之以鼻。真正的朋友必定是患难与共的朋友。事实上，也只有在各种危险困境的考验中，人们才能认识并得到知己。

虽然很少有人能做到“人饥己饥，人溺己溺”的境界，但我们至少可以随时体察一下别人的需要，时刻关心朋友，帮助他们脱离困境。当朋友身患重病时，你应该多去探望，多谈谈朋友关心的感兴趣的话题；当朋友遭到挫折而沮丧时，你应该给予鼓励；当朋友愁眉苦脸，郁郁寡欢时，你应该亲切地询问他们。这些适时的安慰会像阳光一样，温暖受伤者的心田，给他们希望。

春秋时期晋国公子重耳，因故逃亡他国，受尽苦难。这时，有个叫叔瞻的人就落井下石，进言要曹公将重耳除掉。但曹公认为这是不可能的事，并未将叔瞻的话放在心上。当时，正好负羁在场，他对曹公与叔瞻的做法与想法表示极不赞成。于是，他依据其妻子的建议，将黄金、宝物与食物塞在壶中，派人将此壶送到重耳的住处。公子重耳非常感动，除收食物外，黄金等宝物都退了回去。

后来，重耳由曹入楚，再由楚而漂泊至秦，直到最后重耳登上帝位。重耳继位后，果真派兵攻打曹国，让大家明白大不敬的下场。另外，又派一位使节通报负羁说：“我方即刻要攻入贵国，但当年你对我的心意，我至今未忘。为使你不受连累，希望你在村子的入口处做一记号，则我方军队绝不踏入半步。”曹国的百姓听到这个消息，纷纷携眷避难到负羁村中。

由此可见，一个人能够在别人困难落魄时给予其同情的扶持，将成为别人永远信赖的却又是难以忘却的知音。

看清小人，不吃亏

小人，《现代汉语词典》释义为人格卑鄙的人，也就是那些品德不良、心术不正的人。“小人”应该是相对于“君子”而言的，“君子”是很讲气量和风度的。所以，古人曾忠告世人：“近君子而远小人。”

小人无时不在，无处不存。上到居高临下的大人物，小至平庸世俗的老百姓，从腰缠万贯的富翁到囊中空空的穷汉，人人皆知小人之存在，人人又皆知小人之难辨。当面正人君子，背后卑鄙小人；表面光明正大，暗地阴险狡诈。只要你稍一疏忽，就会陷入小人的圈套。

小人人“小”能量大，他可以使帝王们沦为阶下囚，可以使功高者变为断头尸，可以使尚德者成为逆道人。多少仁人志士经历无数大风大浪，结果却跌倒在小人的阴沟里。所以，千万不能小瞧小人。同小人一起办事，若处理不当，常常要吃亏。

小人没有特别的样子，脸上也没写上“小人”两字。有些小人甚至还长得既帅又漂亮，有口才也有真才，一副“大将之才”的样子。

不过，“道高一尺，魔高一丈”，小人毕竟是小人，对付小人还是有办法可循的，小人是可以从其行为中分辨出来的。

从总体上来说，小人就是那种做事做人不守正道，以邪恶的手段来达到目的的人。所以，他们的言行有以下特点：

第一，造谣生事。他们的造谣生事都另有目的，并不是以此为乐。

第二，挑拨离间，打击异己。为达到某种目的，他们可以用离间法去挑拨人与人之间的感情，制造他们之间的不和，从中坐收渔翁之利。

第三，阿谀奉承。这种人虽不一定是小人，但很容易得到上司的宠信，从而在上司面前说别人的坏话。

第四，阳奉阴违。这种行为代表这种人的办事风格，他对谁都可能表里不一。

第五，趋炎附势。谁得势就依附谁，谁失势就抛弃谁，没有定盘星。

第六，落井下石。你如果不小心掉进水里，他不但不会帮你一把，还会往井里扔几块石头，让你永无翻身之日。

第七，推卸责任。明明自己有错却死不承认，硬要找个人来背黑锅。

事实上，小人的特点并不只是这些。总而言之，凡是不讲法、不讲情、不讲义、不讲理的人都带有小人的性质。

和“小人”办事，讲究以下几个原则：

第一，不得罪。一般来说，小人比君子敏感，心里也较为自卑。因此，你不要在言语上刺激他们，也不要在利益上得罪他们。尤其不要为了“正义”而去揭发他们，那只会害了你自己。自古以来，君子常常斗不过小人。因此，小人为恶，让有力量的人去处理吧。

第二，保持距离。别和小人过度亲近，保持淡淡的关系就可以了。但也不要太疏远，不把他们放在眼里似的。否则，他们会这样想：“你有什么了不起?”于是，你就要倒霉了。

第三，小心说话。说些“今天天气很好”的话就可以了，如果谈了别人的隐私，谈了他人的不是，或发了某些牢骚不平，这些话绝对会变成他们兴风作浪的资料。

第四，不要有利益瓜葛。小人常成群结党，霸占利益，形成势力，你千万不要靠他们来获得利益。你一旦得到利益，他们必会要求相当的回报，甚至黏上你就不放，想脱身都不可能。

第五，吃些小亏。小人有时也会因无心之过而伤害你，如果是小亏就算了，因为你找他们不但讨不到公道，反而会结下更大的仇。

并不是说做到以上五点，你与小人就彼此相安无事了，但至少你可以把小人对自己的伤害降至最低。

下面是对付小人的主要技巧：

第一，修炼一双洞察小人的慧眼。善于判断，大事不糊涂。洞察入微，透过现象看本质。

第二，能忍则忍，退一步海阔天空。忍者无敌，在盘根错节的关系网中立足。不动声色，牺牲眼前利益以维护大局。

第三，沉着冷静，以不变应万变。稳健沉着，善于应付突发事件。处变不惊，妥善处理复杂局面。

人难读，也要读

自古有读书一说，难道有读人的吗？其实，每个人都在读人，也被人读。从某种意义上说，人就是一部复杂的难以读尽也难以读透的大书。

传说，有一天，苏格拉底正在家里看书，学生柏拉图气冲冲地跑来，对他说："朱诺这人真是太差劲了！"

苏格拉底抬起头，问道："你为什么这样说？"

柏拉图说："他老挑剔你的学说，并且说你的扁鼻子是天神施降惩罚的产物。"

苏格拉底笑了，缓缓地说："可是，我倒觉得他这个人真的很不错呢。"

"什么？他这样诋毁你，你居然还说他不错？"柏拉图茫然不解地问道。

苏格拉底点了点头，说："我听大家说，他对自己的母亲很孝顺，每天都照顾得非常周到。他对自己的老师也十分尊敬，老师在公众场合演讲，他总是背着老师的皮囊随侍在侧。完毕后，他会亲自驾车送老师回家，从来没听说过他对老师有不恭的行为。他对朋友也很真诚，常常当面指出别人的缺点，而且尽己所能帮助他改正。他对孩子们很友善，经常和孩子们一起做游戏，孩子们有时候对他恶作剧，他也不恼。他对贵族并不阿附，一直坚持真理。他对穷人富于同情和怜悯，有一次，我亲眼看见他搜出身上最后一个铜板，丢进乞丐的帽子里……"

"可是，他对你却不怎么尊敬啊！"柏拉图挠了挠头，说道。

"我的孩子，问题就在这里，"苏格拉底站起身来，慈爱地拍了拍柏拉图的肩头，说，"一个人如果站在自己的立场上来看待别人，常常会把人看错。所以，我看人，从来不看他对我如何，而是看他对别人如何。"

随着年龄的增长，人变得越来越复杂起来，要把人读透也就日见其难。但尽管难，还得读。历史上的不少隐士喜欢不落言筌，以行动直指人心。当然，一个人的行动，没有一双慧眼和心灵的睿智是看不出来的。

庞仲达做汉阳太守。汉阳这地方，有一个名叫任棠的人，知名度很高，隐居不仕，以教书为业。庞仲达特意去拜访他，等了半天，任棠也不说话。他只是把一根极大的薤（多年生宿根草木植物）和一盆水放在窗前，自己抱着孙儿倚在房檐下。仲达手下的人以为任棠太骄傲，很不满，可仲达却说："他是以这样的方式向我说话。水，意思让我清白；大大的薤，意思是让我打击列强；抱着孩子，是想让我抚恤孤儿寡母。"于是，仲达叹息着离开了。他按照任棠的嘱托，抑强扶弱，廉洁如水，深受百姓喜爱。

一个有见识的人，即使在非常安全的地方，对生活中发生的不同寻常的举动，都会居安思危，事先看透别人的真实居心，而采取未雨绸缪的防范之策，因而往往能先抢占时机，掌握主动。

第二章 察言观色，才能闻一知十

一个人的外貌特征、不经意间的肢体动作、话语中的弦外之音等，都会泄露他内心的秘密，如情感趋向、思维模式、行为方式等。人们总是难以掩饰自己，因为这是人性最自然、最畅通的流露。

察言观色是一门学问

《论语·颜渊》说："夫达也者，质直而好义，察言而观色，虑以下人。"察言观色由此而来，现代汉语词典里对其进行这样的释义：察，详审，观察别人的说话或脸色，多指揣摩别人的心思。

察言观色是一切人情往来中操纵自如的基本技术。不会察言观色，等于不知风向便去转动舵柄，弄不好还会在风浪中翻船。

从前，有这样一位举人，经过三科，又参加候选，谋得一个某县县令的职位。他第一次去拜见上司，想不出该和上司说什么话。

沉默了好一会儿，他忽然问道："大人尊姓？"

这位上司听后很是吃惊，但还是勉强说了姓氏。

县令又低头想了许久，说："大人的姓好特别，是百家姓中所没有的。"

上司更加惊异，说："我是旗人，难道贵县不知道吗？"

县令恭敬地站起来，说："大人在哪一旗？"

上司说："正红旗。"

县令说："正黄旗最好，大人怎么不在正黄旗呢？"

上司听罢，勃然大怒："贵县是哪一省的人？"

县令说："广西。"

上司说："广东最好，那你为何不在广东？"

县令吃了一惊，这才发现上司满脸怒气，急忙走了出去。

第二天，上司让他回去，去学校任教职。

这位举人导致这样的一个结局，究其原因，关键在于不会察言观色所致。如果我们真能在交际中练就一番察言观色，随机应变，解读对方的心思的功夫，在为人处世中，一定会顺风顺水。

刚参加工作不久的王先生，大学时代是一个各方面表现都很优秀的学生。王先生原本以为自己在公司里会一帆风顺，步步高升。但让他万万没想到，自己却处处碰钉子。包括老板、同事、客户在内的每个人都在给他脸色看，令他难堪。究其原因，只因他不会察言观色。

有一次，刘小姐满脸不快地从老板办公室里走出来，看起来像是被老板骂了。王先生不知好歹，立即走过去说："刘小姐，你是不是又被老板骂了？没事儿，别放在心上。"刘小姐很是不自在地冷眼看了他一下，硬生生地说了句："没有的事，你别胡说八道！"说完，扭头就走了，把尴尬的王先生丢在办公室的门口。

通过上述这件事，我们不难看出王先生遭人白眼的真正原因。用俗语来说，王先生就是一点"眼力见儿"都没有，明明知道同事被骂，心情本来就不好，他还非要去问上一句。这样做的后果，无疑是在人家的伤口上撒上一把盐，只能让人更痛，无异于火上浇油一般，刘小姐岂有不愤之理。像王先生这种没有眼力见儿的人，谁都不会喜欢。

由此可见，在职场中与人交往，需要敏锐观察对方的"言色"，懂得"看脸色"，从而了解别人的想法。只有这样，才能做出令人满意的举动，才能进退自如，才能达成既定的目标。

那么，如何做个会察言观色的人呢？下面几点值得注意：

第一，眼睛。眼睛可说是脸部最富表情，也最容易泄露秘密的地方。学会观察眼神，识人即可事半功倍。

第二，手势。一般认为，揉眼睛、捏耳朵代表虚伪、犹豫或焦虑。如果一个人说话时频频碰触嘴巴或耳朵，他可能在说谎。如果是听话的一方这么做，则代表他认为对方在说谎。

第三，声音。焦虑、具有攻击性或喜欢强出风头的人，说话音调较高或习惯大声。语调低沉的人较自信，习惯拉高尾音容易被当作不成熟。

第四，笑容。这是最有说服力的沟通工具，不只代表快乐幽默，也可能意味着道歉、防卫或谅解。

掌握了以上几点，你就可以轻松地学会察言观色了。

练就识人的眼力，你就可以在人与人的交往中迅速准确地看透对方的心理，从而占尽先机，游刃有余地面对各种人生挑战。

观相貌，知性格

相貌是人天生的，他们和性格有着密切的关系。性格是指人对现实中客观事物的稳定态度，以及与之相应的习惯化的行为方式。比如说，有的人小心谨慎，有的人敢拼敢闯，就是两种截然不同的习惯化了的行为方式。人们根据他们外现出来的习惯化的特征来判断这两种人的性格差别。

性格的形成固然会受到遗传因素的影响，但主要是在后天环境中磨炼出来的。而且，定型之后，有很强的稳定性。一夜之间判若两人的情况多半属于短期行为，是因为受到莫大刺激突变的结果。一段时间以后，固有性格又会重现，这是习惯化的行为方式的缘故。性格稳定后，既不容易改变，对人的行为也会产生极大的支配作用。习惯逆来顺受的人，如果不经历大波折、大痛苦，是很难迅速转变成一个坚决果断、有气敢往别人身上撒的人的。

在需要做出大决断的关头，最能体现一个人性格的优劣：决断之间，几乎已经裁定了成功与失败。性格优良的人在错综复杂的危机时刻，沉得住气，全神贯注于问题之中，心无旁骛，不为他事所扰，像钉子一样专攻一点。因此，能够获得成功。排除巧合、运气因素外，这中间是习惯化的行为方式发挥关键作用。

专家研究发现，一个人的性格与相貌有很大的关系。

体貌高大，仪表堂堂，生此相者，掌重权，具有很强的决断力和行动力。而厚朴稳重之相，性情温顺和气，行动老练持重。

历史上关于这类事情，有许多趣话。

吕公到沛县客居，县令待为上宾。有一次，吕公祝寿，萧何担任主吏，负责迎接宾客和收受贺礼。送礼不满一千钱的人，在堂下就座。高祖写了张礼单“贺钱一万”，其实一个钱也没带。吕公大惊，看到高祖的相貌，就非常尊敬他。酒宴快结束的时候，吕公说：“我从小喜欢为人看相，相过的人已经很多了，没有一个比得上你的相貌，希望你好自珍爱。我有一个女儿，愿意把她嫁给你做扶箕扫帚的妻子。”酒宴结束后，吕公就把女儿嫁给刘邦。这吕公的女儿就是吕后，生了孝惠帝和鲁元公主。

过去，汉武帝喜欢打猎。有时是群臣俱往，盛况浩大；有时则是轻服便装，只带小队人马。有一次，他轻服便装打猎晚归，路经一村子借宿。开门的老头见来者不善，带着弓马刀箭，以为是盗匪，不敢怠慢。待汉武帝一行人歇下后，老头子找老太婆商量，想去招呼集结其他后生小伙子来攻打这群“强人”。老太婆急忙制止老头子：“我看那领头的人气度不凡，容貌之间有种顶天立地、不为事势所屈折的气概。这不应该是普通贵人的容貌，一般盗贼更不用提了，还是谨慎一点好。”

汉武帝的侍卫自然将此话听在耳中，报告给汉武帝。第二天早起，见一夜无事，老头子心中稍安。不过数日，朝廷下旨封老头子夫妇的官。原来，汉武帝惊奇于老太婆的识人能耐，故有心照顾二老。

如此看来，老太婆虽没有多少官场经验，但生活经验却教给她一些相貌与人的性格、品质、才能的关系，因而有此趣闻留传后世。

在社会交往的过程中，除了要考虑对方身份外，还要注意观察对方的性格。一般说来，一个人的性格特点往往通过自身的言谈举止、相貌变化等方面流露出来。

体貌文秀清朗，姿容朴实端庄，神情自若，是聪明睿智灵活机巧的人，做事有创造性和进取心；质朴而不清秀的人，则性格内向、性情孤傲。

体形孱弱，神色浑浊萎靡，脖子长、两肩缩、脚歪斜、脑袋扁、凶神恶煞之相的人，心地狭窄，性情卑劣。

削薄软弱、体貌形状孤单瘦弱的人，性情孤僻、内向、怯懦，愚昧无知，意志薄弱，为人处世没有主见，无所适从；粗俗鲁莽之相的人，性格反常不定，喜怒无常，不能自持。

“中年发福”的人，大多正值体力最壮的黄金时代。他们能够很优越地顺应周围的情势，给人一种温馨。他们多属于活动性的人，被人奉承时，往往做顺水推舟的姿态。这种人虽然常施小计偷懒，但并不被人憎恨。他们中很多人会被周围的人原谅，还颇受欢迎。活泼开朗、乐于助人、行动积极、善良而单纯是这类人的性格特征。他们经常保持幽默感，显得充满活力，同时也有稳重、温文的一面。

这类人中，有很多是成功的政治家、实业家和临床医师。

善解人意，头脑敏捷，拥有同时处理许多事情的才智，这是他们的最大长处。不过，考虑问题缺乏一贯性，经常失言，过于轻率，自我评价高，喜欢干涉别人的言行等，则是其缺点。

长着孩子脸形，却是年纪不小的成年人，虽然有未成熟的外表，却有着老成的表现，看起来使人觉得不协调。这类人喜欢以自我为中心，而且个性好强，所以也可称为显示性格。

这类人的周围，永远都洋溢着热闹的气氛。如果话题不是以他为中心，他就不会愉快。此外，完全不听他人的话，可以说是任性类型。这种类型的特征是，即使认识浅薄，却拥有广泛的知识。他们利用这种知识，去批评小说、音乐、戏剧，并且因此显得谈吐风趣，擅长使他人发笑。

从眼神窥视对方动机

爱默生说："人的眼睛和舌头所说的话一样多，不需要字典，却能从眼睛的语言中了解整个世界。"的确是这样，眼睛的语言是人的脸部的主要表情之一，与一个人的思想感情有着密不可分的关系。很多时候，一个人的所思所想会通过他的眼神表现出来。所以，通过观察一个人丰富的眼睛语言，也可以在某种程度上对他有一个大致的了解和认识。

当一个人对另外一个人产生了好感，他没有用语言表达出来的时候，多会用一种带有幸福、欣慰、欣赏等感情交织在一起的眼光不住地打量对方。

当一个人表示对另外一个人的拒绝时，他会用一种不情愿，甚至是愤怒的眼神，轻蔑地进行嘲讽。

当一个人看另外一个人时，用眼光从上到下或从下到上不住地打量时，表示对他人的轻蔑和审视。这个人有良好的自我优越感觉，不过有些清高自傲，喜欢支配别人。

在谈话的时候，如果有一方眼光不断地转移到别处，这说明他对所谈的话题并不是十分感兴趣。另一方意识到这一种情况以后，应该想办法改善这种局面。

在谈话中，一方的眼神由灰暗或比较平常的状态，突然变得明亮起来，表示所谈的话题是切合他心意的，引起他极大的兴趣。这是使谈话顺利进行的最好条件和保证。

在两个人的谈话中，一个人在说话时，既不抬头，也不看另外一个人，只顾说自己的，这在很大程度上是对另一个人的轻视。

当一个人用两只眼睛长时间地盯着另一个人时，绝大多数情况都是期待对方给予自己一个想要的答复。这个答复的内容是多种多样的，可能是一项计划的起草，可能是一份感情的承诺，不一而定。

当一个人用非常友好而且坦诚的眼神看另一个人，间或还会眨眨眼睛，说明他对这个人的印象比较好，他很喜欢这个人。即使他犯了一些小错误，也可以给予宽容和谅解。

当一个人用非常锐利的目光、冷峻的表情审视一个人的时候，有一种警告的意思。

从鼻子的动静，“看”内心

人的鼻子有没有身体语言，学者们看法不一。有人说有，有人说没有。

认为鼻子没有身体语言的理由是，鼻子本身是不能动作的器官，就像耳朵一样。因此，它们自身不能发出“姿势”信息，也就不可能有身体语言。至于用手摸鼻子和摸耳朵所发出的信息，应归为手的“语言”。

事实上，鼻子跟耳朵不同，大多数人的耳朵确实不会动。就这一点，人不如有些动物。如狗遇到“风吹草动”，就竖起耳朵，这表明“有情况”。人的耳朵是“死”的，它只能跟着头动，而自己不会独立地动。但鼻子则不然，它可以自己动。比如，人们都熟悉的“嗤之以鼻”这个词，实际上是有动作的。也就是说，在发出“嗤”的声音时，鼻子是往上提的，只不过动作轻微，不易察觉。但轻微也是有动作的，也是能发出“瞧不起某人”这种信息的。

有位研究身体语言的学者为了弄清鼻子的“语言”问题，专门做了一系列观察“鼻语”的旅行。他去车站观察，在码头观察，到机场观察。他旅行了一个星期，观察了一个星期，由此得出两点结论：

第一，旅途中是身体语言最丰富的。因为各种地区、各种年龄、各种性别、各种性格的人会集在一起，而且都是陌生人，语言交流很少，但心理活动又很多，大量的心态都流露出身体语言。他说：“旅途是身体语言的试验室。”

第二，人的鼻子是会动的，是有身体语言的器官。他说，根据他的观察，在有异味和香味刺激时，鼻孔有明显的张缩动作。严重时，整个鼻体会微微地颤动，接下来往往就出现“打喷嚏”现象。他认为，这些“动作”都是在发射信息。此外，据他观察，凡是高鼻梁的人，多少都有某种优越感，表现出“挺着鼻梁”的傲慢态度。关于这一点，有些影视界的女明星表现得最为明显。他说，在旅途中，与这类“挺着鼻梁”的人打交道，比跟低鼻梁的人打交道要难一些。

由此可见，不妨从注意鼻子的动静，试着“看”出对方的内心。

第一，鼻子胀大。在谈话中，对方的鼻子稍微胀大时，多半表示对你有所得意或不满，或情感有所抑制。在通常情况下，人的鼻子胀大是表现愤怒或恐惧。在兴奋或紧张的状态中，呼吸和心律跳动会加速，所以会产生鼻孔扩大的现象。因此，“呼吸很急促”所代表的是一种得意状态或兴奋现象。至于对方鼻子有扩大的变化，究竟是因为得意而意气昂扬，还是因为抑制不满及愤怒的情绪所致，就要从谈话对象的其他各种反应来判断了。

第二，鼻头冒汗。有时，这只是对方个人的毛病。但平日没有这种毛病的人，一旦鼻头冒出汗珠时，应该说就是对方焦躁或紧张的表现。如果对方是重要的交易对手，必然是急于达成协议，无论如何一定要完成这个交易的情绪表现。因为他唯恐交易失败，自己便失去机会，或招致极大的不利，就使心情焦急、紧张，陷入一种自缚的状态。因为紧张，鼻头才有发汗的现象。而且，紧张时并非仅有鼻头会冒汗，有时腋下等处也会有冒汗的现象。没有利害关系的对方产生这种状态时，要不是他心有愧意，受到良心谴责，就是隐瞒秘密所引起的紧张。

第三，鼻子颜色。鼻子的颜色并不经常发生变化，但如果鼻子整个泛白，就显示对方的心情一定畏缩不前。如果是交易对手或无利害关系的对方，多半是他踌躇、犹豫的心情所致。例如，交易时不知是否应提出条件，或提出借款而犹豫不决。有时，这类情况也会出现在向女子提出爱情的告白却惨遭拒绝时，自尊心受损、心中困惑、有点罪恶感、尴尬不安时，才会使鼻子泛白。

上述的鼻子动作或表情极为少见，而平常人更不会去注意这些变化。但如想知人知面知心，就必须注意人的鼻子动作、颜色和目光的动向，并加以配合，以获得正确的判断。

嘴部动作，表达心理态度

嘴部的动作是很丰富的，这些丰富的嘴部动作从某种程度上可以折射出一个人的心理态度。

人们常用吐字清晰、口齿伶俐来形容一个人的嘴上功夫，说他口才好，能言善辩。但实际上，这只是其中的一个方面。凡是嘴上功夫好的人，不论知识水平高低，一般来说，思维都相当敏捷，而且人很机灵，一点也不呆板和笨拙。在人际关系方面，对于这类人，要分两种不同的情况来讨论。一种是人际关系处得不好的。这是因为，他们倚仗自己的口齿伶俐，总是处处抢先，出风头，而对别人持不屑一顾的态度，自己不在理上，也要争个天昏地暗。这种为人态度当然不会受人欢迎，人际关系处不好也很正常。另一种则完全不同，他们希望自己和所有人都处好关系，并努力朝着这一方面去做。这类人比较圆滑，他们能够依靠自己的口齿伶俐和能言善辩来化解各种矛盾，促使个人的人际关系和谐。

人的下嘴唇往前撇的时候，表明他对接受到的外界信息持不相信的怀疑态度，并且希望能够得到肯定的回答。

人的嘴唇往前撅的时候，表明此人的心理可能正处在某种防御状态。

在与人交谈中，如果其中有人嘴唇的两端稍稍有些向后，表明他正在集中注意力听其他人的谈话。

嘴角稍稍有些向上，这种人看起来很机灵或活泼，而且他们的性格大多也是比较外向的，心胸比较宽阔、比较豁达，与人能够很好地相处，不固执。

下巴缩起的人，做事多比较小心和谨慎，能够很好地完成某一件事。但这种人比较封闭和保守，而且疑心很重，在一般情况下不会轻易地相信别人。

下巴高昂的人，给人的第一感觉往往是清高气傲。这种感觉在很多时候是没有错的。下巴高昂的人多具有强烈的优越感，且自尊心很强，常常会否定别人，对别人所取得的成绩持不屑一顾的态度。

在与人交谈时，用上牙齿咬住下嘴唇，或用下牙齿咬住上嘴唇以及双唇紧闭，这多表示一个人正用心地听另一个人的讲话。他可能是在心里仔细地分析对方所说的话，也可能是在认真地反省自己。

口齿不清，说话比较迟钝的人，可以分不同的情况来讨论。一种人是不仅在说话方面表现得不够出色，在其他各个方面的表现也都是相当平庸的。这样的人若想获得很大的成就，可谓不易。还有一种人，他们的语言表达虽不精彩，而且也不太经常表达自己，但一旦表达，肯定会有不凡的见解。这说明，这个人具有某一方面或某几方面比较出众的才能。

说话时用手掩嘴，说明这个人的性格比较内向和保守，经常害羞，不会将自己轻易地或过多地呈现在他人面前。用手掩嘴这个动作的另一个意思，还表明可能是自己做错某一件事情而进行自我掩饰，张嘴伸舌头也有这方面的意思，但也表示后悔。

在关键时刻，将嘴抿成“一”字形的人，其性格比较坚强，有股不达目的誓不罢休的顽强韧性。这样的人对某一件事情，一旦决定要做，不管要付出多少艰辛，多数都会非常出色和圆满地完成。

经常舔嘴唇的人，大多属于思维活跃、头脑灵活型。他们判断事物准确，从不主观臆断其好坏，说话总是有理有据，而且无论观点遭到多少人的反驳，大多能自圆其说，令对方不得不点头称是。不过，这种人也有心术不正的一面。当他想为个人谋利或个人利益受到侵犯时，往往会打击报复，信奉“人不为己，天诛地灭”的人生哲学。如果你的身边有这种人，最好敬而远之，惹不起要躲得起。

舌头在口腔内打转。有这种习惯动作的人，通常对对方缺少尊重，抑或是对你的看法与观点表示不满和不同意。这种人的生活态度并不是很严谨，以一种顺其自然的方式处理生活中的人际关系和事情。由于个性较孤傲，很难令人接近。但是，这种人绝不是人性险恶的小人，他们大多喜欢随遇而安，今朝有酒今朝醉，明朝有事天安排，是他们性格的集中体现。如果你是一个自尊心不是很强而又时时需要轻松快乐一下的人，这样的朋友无疑是不错的选择。

嘴唇紧闭，下唇干燥。这种人从气质类型上来讲，属于抑郁质的人。他们多怀有一种杞人忧天的心理，是一个不折不扣的悲观主义者。就算偶尔地开怀一次，也会马上想到坏的方面，从而更加痛苦。

压紧下唇。如果女性有这种习惯性动作，则说明这个人内心脆弱，总是有一种不安全感。这不仅表现在压紧下唇上，其他如双腿并紧、双手环抱于胸前等动作，都反映出这一心理状态。如果是男性有这一习惯，则大多是故作紧张，可能是想掩饰什么，或有别的目的。否则，他很可能是一个习性女性化的人。

用力上下咬牙，使两颊肌肉颤动，面颊抽筋。这种人性格外向，属于易暴易怒，缺乏冷静的一类。只要是他看不过去的事就要管，听不顺耳的话就要说，甚至有时会因此与人拳脚相加。与这类人交往，应摸透其脾气秉性。不然，就适得其反，交友不成反结仇了。

以手遮口者喜欢隔岸观火。“遮嘴”这个动作，通常也表示有所隐瞒。将不能说的秘密一不留神说漏嘴时，用手把口遮住。这个肢体语言所传达的信息，就是要自己“住嘴”。手经常在嘴巴附近移动，或者习惯用手遮掩嘴巴的人，心中必定信奉“沉默是金”“言多必失”的信条。

这类人不太向他人倾吐自己的心事，总是在某处冷眼旁观事情的发展。当事情发生时，会以旁观者的口吻说“果然不出我所料”。既不哭闹也不动怒，情绪起伏不大，但这并不代表他可以冷静地处理事情。这种人绝不会主动表示自己要做什么，别人也无法得知他到底想做什么。或许，他心中正计划着某件事情，却不会轻易表现出来，别人也无从得知。

这类人甚至在与他人交往时也采取保持距离的心态，尽量避免过于黏腻的关系，给人冷漠的印象。若对他太过亲密，反而易引起他的反感，就算他主动接近你，也不会让你触碰到他的心底深处。与这类人相处，保持适当距离才是明智之举。

脸：一张性格的活地图

当我们走过青春，步向成年，我们的行为和态度便慢慢地在我们的脸上刻下印记。有些人笑纹很深，有些人永远嘴角下垂。无论他有什么样的特色，他的脸不但画出了他的过去，而且也勾勒出他的未来。

第一，圆脸。一个人的脸庞平滑轻松，没有凸出的脸颊或颚骨。这个人为人谦恭有礼，懂得均衡的道理。有时候，他可能拖拖拉拉，不愿意面对那些想利用其慈悲天性的人。

第二，方形脸。有一张运动员的脸，坚强、高傲、有决断力，是那种可以做决定，同时不必费多大心力就可以说服他人一起做事的人。他是好老师、忠心的朋友，他可能不是世界上最聪明的人，却具有推动事物发展的特殊能力。

第三，椭圆形脸。椭圆形脸被视为天生的美人胚子。假使是一个女人，不需要多少化妆品，便可以把脸孔修饰得完美无缺。椭圆形脸的男人，通常拥有艺术家的敏感和沉着冷静的个性。无论是男性还是女性，都拥有与生俱来的优雅气质。最吸引人的地方，就是那令人舒服的微笑。

第四，双唇微开。这类人很诱人，富有挑逗性，而且充满热情，对各式各样的浪漫的人与事都来者不拒，举手投足都散发出诱人的魅力。他有本事不说一句话，便把整个屋子里的人迷得神魂颠倒。

第五，紧闭双唇。这类人绝对能够保密。他对自己的言行举止十分谨慎，谨慎到经常显得过度敏感。严肃固执的个性，使他比较喜欢和周围人保持一定的距离。然而，在他内心深处，却存在着无法解除的焦虑，使他长年处在稍显焦虑的状态下。

第六，双唇上扬。他是一位永远的乐观主义者，能够不屈不挠、面带微笑地面对一切。在他心中，有某种宗教或神秘的力量，使他相信事情总会迎刃而解。

第七，双唇下弯。和前面所说的正好相反，他是个十足的悲观主义者。

他用挖苦、嘲讽的幽默感，来表示对人间事物的愤慨和鄙视。他可能相当成功，但几乎没享受过成功。因为他小时候曾受过很深的伤害，但他没让这些伤害复原，反而让它们曲解了他对人、事、物的看法。

第八，厚嘴唇。他不爱开玩笑，可能别人第一眼看到他，也不觉得他很性感。但他的体力相当好，对所有卧室里的活动都能全身心投入。

第九，薄嘴唇。他不是一个很好的接吻对象。其实，与其说是他的嘴唇令那些对他有意思的人退避三舍，倒不如说是他吝啬的个性令人裹足不前。他薄而不丰满的嘴唇透出他是一个吝于付出却乐于接受别人施舍的人。

第十，下颚凸出或强健。这类人行事积极，意志坚强，不轻易受挫。别人向他求教，是因为他看起来像花岗石一样坚硬。他值得信赖，为人诚恳。不过，他有时候也很顽固。

第十一，下颚后斜或短小。这类人过度忸怩害羞，很可能总是低着头走路，眼睛盯着地而不是向前看，仿佛不断向他人道歉。好像每一件事都令他歉疚万分。他胆小的个性使他想象自己正面对未曾真正发生的突然事件。结果，他的生命便慢慢演化成一种无止境的道歉状态。

第十二，圆下颚。他可能是一位画家、一位诗人，也可能是一位作家。他的见解并非只限定在某个范围内，而是弯曲多变，极富弹性。摩天大楼或郊区的购物商场令他倒胃口，他想追求的是绿油油的山水风景。可是，如果他离不开城市，他一定幻想在一栋商业大楼里寻找一个宁静的角落。

第十三，方下颚。这种下颚通常搭配高而有角的额骨。自信而负责任的外表，使他魅力十足。他看起来十分果断，比一般人更能让事情照他的意思而发展。他经常受到他人的推崇、尊敬和礼遇。

第十四，没有皱纹的额头。他的一生似乎没受过什么严重的创伤。对许多人而言，他一直过着一种迷人的生活。流逝的岁月似乎不曾在他身上烙下痕迹，因为他展现出一股悠闲而年轻的优雅气质。

第十五，有皱纹的额头。额上深刻的皱纹，表示他曾饱尝人生的煎熬。他曾经历过痛苦和失落，而这一切清清楚楚地刻在他的额头上。他是一个现实主义者，知道以不平等的方式，面对这个不平等的世界。

眼睛：内心深处最真实的展露

眼睛是心灵的窗口。通过观察眼睛，可以让我们探测到对方的内心世界。一个人心里正在想什么，他的眼神会忠实地反映出来。所以，想要了解一个人，一定要注意观察他眼部的动作。

第一，眼睛上扬。眼睛上扬，是假装无辜的表情。这种动作是在证明自己确实无罪。目光炯炯地望人时，上睫毛极力往上压，几乎与下垂的眉毛重合，造成一种令人难忘的表情，表达某种惊怒的情感。

第二，斜眼瞟人。斜眼瞟人是偷偷地看人一眼又不愿被发觉的动作，传达的是羞怯腼腆的信息。这种动作等于是在说："我太害怕，不敢正视你，但又忍不住地想看你。"

第三，眼睛眨动。眨眼的系列动作包括连眨、超眨、睫毛振动等。连眨发生在快要哭的时候，代表一种极力抑制的心情。超眨的动作单纯而夸张，眨的速度较慢，幅度却较大。动作的发出者似乎在说："我不敢相信我的眼睛，所以大大地眨一下以擦亮它们，确定我所看到的是事实。"睫毛振动时，眼睛和连眨一样迅速开闭，是一种卖弄花哨的夸张动作，似乎在说："你可不能欺骗我哦！"

第四，挤眼睛。挤眼睛是用一只眼睛向对方使眼色，表示两人间的某种默契。它所传达的信息是："你和我此刻所拥有的秘密，其他人无从得知。"在社交场合中，两个朋友间挤眼睛，是表示他们对某项主题有共同的感受或看法。两个陌生人之间挤眼睛，无论如何都有强烈的挑逗意味。

第五，皱眉型。他对任何事都深思熟虑，是一个足智多谋、深谋远虑的人，总是静悄悄地退在一旁，并从各种可能的角度去研究事情。在得到任何结论之前，他反复考虑所有可能性。虽然他那深思熟虑的举止看起来不积极，不过认识他的人都知道不要去打扰他的思绪，以免惹他生气。

第六，眼球转动。眼球向左上方运动，回忆以前见过的事物；眼球向右上方运动，想象以前见过的事物；眼球向左下方运动，心灵自言自语；眼球向右下方运动，感觉自己的身体；眼球左或右平视，弄懂听到语言的意义。正视，代表庄重；斜视，代表轻蔑；仰视，代表思索；俯视，代表羞涩；闭目，思考或不耐烦；目光游离，代表焦急或不感兴趣；瞳孔放大，代表兴奋、积极；瞳孔收缩，代表生气、消极。

从眉毛的动态看人

对眉毛的要求有四个方面，即“清秀油光”“疏爽有气”“弯长有势”“昂扬有神”。也就是说，眉毛应该有光、有气、有势、有神。在这四个方面，清秀油光显得至关重要。一个人的眉毛，如果能够油光闪亮，就像珠宝那样熠熠生辉，价值连城；如果暗淡无光，就像珠宝黯然失色，可能就一钱不值了。

眉毛有光亮，显示这个人的生命力比较旺盛。通常的情况是这样：年轻人的眉毛比较光润明亮，而老年人的眉毛往往比较干枯而缺乏光彩。这就是因为年轻人生命力旺盛，而老年人生命力开始衰退。从珍禽异兽的羽毛上也能够表现这一点，如老虎、豹子、孔雀、天鹅等身上表现得最为明显。动物中皮毛的光亮似乎也在显示着动物的位置和等级。

眉毛的光亮可以分为三层：眉头是第一层，眉中是第二层，眉尾是第三层。层数越多，等级越高，给人的印象越好，得到他人的提携越多，成功的可能性越大。因此，人们认为眉毛有光亮的人运气特别好。

眉毛有气象、有起伏，给人一种文明高雅的感觉。眉毛短促而有神气，也给人一种气势。如果眉毛太长而缺乏起伏，就像一把直挺挺的剑，会让人觉得过于直白。

眉毛长的人脾气比较火暴，喜欢争强好胜，一辈子都是自己把自己搅得不得安宁。如果眉毛太短，甚至露出了眉骨，又缺乏应有的生气，就会给人一种单薄的印象。这类人让人感到不舒服，有人会无端地跟这类人过不去。

眉毛长而有势的人会成功，正如古人所说的“一望有乘风翱翔之势”。可以这样说，这种眉毛具备了光亮、疏朗、气势、昂扬的优点，给人留下很好的印象。人们认为，这种人把“立德、立功、立言”三不朽全占了。一个人即使只有其中一项，也会让人刮目相看，而三项都占的人自然容易成功。

所以，在观察一个人的时候，观察他的眉毛是非常必要的，尤其是在眉毛运动的时候。下面让我们具体分析一下，相信这对把握一个人的心理是有一定帮助的。

皱眉所代表的心情可能有好多种，如惊奇、错愕、诧异、快乐、怀疑、否定、无知、傲慢、希望、疑惑、不了解、愤怒和恐惧。要确实了解其意义，只有回头去看它的原因。

一个深皱眉头忧虑的人，基本上是想逃离他目前的处境，却由于某些原因不能如此做。一个大笑而皱眉的人，其实心中也有轻微的惊讶成分。

两条眉毛一条降低、一条上扬，它所传达的信息介于扬眉与低眉之间，半边脸显得激越、半边脸显得恐惧。尾毛斜挑的人，心情通常处于怀疑状态，扬起的那条眉毛就像一个问号。

眉毛打结。指眉毛同时上扬及相互趋近，和眉毛斜挑一样。这种表情通常表示严重的烦恼和忧郁，有些慢性疼痛的患者也会如此。急性的剧痛产生的是低眉而面孔扭曲的反应，较和缓的慢性疼痛才产生眉毛打结的现象。

在某些情况下，眉毛的内侧端会拉得比外侧端高，而成吊客眉似的夸张表情。一般人如果心中并不那么悲痛的话，是很难勉强做到的。眉毛先上扬，然后在几分之一秒的瞬间内再下降，这种向上闪动的短捷动作，是看到其他人出现时的友善表示。它通常会伴着扬头和微笑，但也可能自行发生。眉毛闪动也经常出现于一般对话里，作为加强语气之用。每当说话中要强调某一个字时，眉毛就会扬起并瞬即落下，像是不断在强调："我说的这些都是很惊人的!"

眉毛连闪，是表示"哈罗"。连续连闪，就等于在说："哈罗！哈罗！哈罗!"如果前者是说"看到你我真惊喜"，则后者就在说"我真是太意外，太高兴了"。

耸眉亦可见于某些人说活时。人在热烈谈话时，差不多都会重复做一些小动作，以强调他所说的话。大多数人讲到要点时，会不断耸起眉毛，那些习惯性的抱怨者絮絮叨叨时就会这样。

眉毛的变化丰富多彩。心理学家指出，眉毛有 20 多种动态，分别表示不同的心态。与眉毛相关的动作主要有：

第一，双眉上扬，表示非常欣喜或极度惊讶。

第二，单眉上扬，表示不理解、有疑问。

第三，皱起眉头，要么是对方陷入困境，要么是拒绝、不赞成。

第四，眉毛迅速上下活动，说明心情愉快，内心赞同或对你表示亲切。

第五，眉毛倒竖、眉角下拉，说明对方极端愤怒或异常气恼。

第六，眉毛的完全抬高表示"难以置信"。

第七，半抬高表示"大吃一惊"。

第八，正常表示“不做评论”。

第九，半放低表示“大惑不解”。

第十，全部降下表示“怒不可遏”。

第十一，眉头紧锁，表示这是一个内心忧虑或犹豫不决的人。

第十二，眉梢上扬，表示这是一个喜形于色的人。

第十三，眉心舒展，表明其人心情坦然、愉快。

头就是心灵的指挥官

头是人体最重要的组成部分，通过观察一个人的头，能了解到很多的信息。从某种意义上说，头就是心灵的指挥官。

首先是头的形状。科学家们对动物头的形状做过分析，结果发现，动物的性格与其头部的宽窄有很大的联系。头型宽的动物一般都很好斗，而头型窄的动物一般都比较温顺。美国心理学家还提出这样一种观点：头部越大越饱满的人，智商就可能越高。

下面，我们就来破译一些头部动作的内涵：

将头部垂下呈低头的姿态，它的基本信息是“我在你面前压低我自己”，但这不限于居下位的人。当同事或居上位者做此动作时，它的信息乃是以消极的表达方式“我不会只认定我自己”，然后变成这样的目标——“我是友善的”。

头部猛然上扬然后恢复通常的姿态。这动作时机是刚刚遇见但还不十分接近的时候，它表示“我很惊讶会见到你”。在这儿，惊讶是关键性的要素，头部上扬代表吃惊的反应。用于距离较远的时候，头部上扬是用在彼此非常熟悉的场合。其时机是当某人突然明了某事物的要旨而惊叹“哦，是的，那当然”的一刹那。

摇头本质上是否定信号。

颈部把头猛力转向一侧，再使它恢复中立的位置，这是单侧的摇头，同样传递“不”的信息。头部半转半倾斜向一侧是一项友善的表示，仿佛是同路人在打招呼，传递的信息是“你与我之间，这蛮好的”。

摇晃头部时，说话者正在说谎而且试图压抑住要表示否定的摇头动作，但又不能彻底。

晃动头部，常被用来表示惊奇或震惊。其中隐含刚得知的消息是那么不寻常，以至于必须晃动头部才能确信这不是做梦。

头部僵直表示，他是如此的有分量且毫不惧怕，甚至什么东西在身侧摔破都不屑一顾，或者是心里觉得无聊的表现。

颈部使头部从感兴趣之点往侧面方向移开，基本上就是一项保护性的动作，或把脸部移开以回避对身体有威胁的事物。在特殊情况下，这个动作可借着掩饰脸部而隐藏自己的身份。

颈部驱使头部向前伸并朝向感兴趣的方向。这个动作既可满怀爱意，也可满怀恨意。前一种情况是：两个相爱的人，伸长脖子深情专注地凝视对方的眼睛；后一种情况则像两个冤家伸长脖子，探出头部以表示他们不畏惧对方，而且瞪视对方如同洞察对方的眼睛；第三种情况则出现在某人渴望吸引你全部的注意力之时，因此，他会探出他的脸，以阻挡你去看其他任何可能吸引你的东西。

表情：情绪的晴雨表

在人类的心理活动中，表情是最能反映情绪表面化的动作。中国传统的人相学以脸型、相貌等占测一个人的性格与命运，是有失偏颇的。但如果凭面部表情来推测和判断一个人的性格，大致上是有相当的准确性的。我们凭常识也知道，表情是内心活动的真实写照。透过表象窥探心灵的律动，把握情绪变化的尺度；了解感情互动的根源，表情就是传递这种信息的显示器。

从表情和动作上，能够一眼洞察别人的内心动机，春秋时期的淳于髡就是这样一个高手。

梁惠王雄心勃勃，广召天下高人名士。有人多次向梁惠王推荐淳于髡，因此，梁惠王连连召见他，每一次都屏退左右与他倾心密谈。但前两次淳于髡都沉默不语，弄得梁惠王很难堪。事后，梁惠王责问推荐人："你说淳于髡有管仲、晏婴的才能，哪里是这样。要不，就是我在他眼里是一个不足与言的人。"

推荐人以此言问淳于髡，他笑笑回答道："确实如此，我也很想与梁惠王倾心交谈。但第一次，梁惠王脸上有驱驰之色，想着驱驰奔跑一类的娱乐之事，所以我就没说话。第二次，我见他脸上有享乐之色，是想着声色一类的娱乐之事，所以我也没有说话。"

那人将此话告诉梁惠王，梁惠王一回忆，果然如淳于髡所言。他非常叹服淳于髡的识人之能。

从表情上，读透内心所蕴藏的玄机，是识人高手厚积一世而薄发一时的秘技。1973 年，美国心理学家拜亚曾经做过一项实验。他让一些人表现愤怒、恐怖、诱惑、无动于衷、幸福、悲伤等 6 种表情，再将录制后的录像带放映给许多人看，请观众猜何种表情代表何种感情。结果，观看录像带的这些人对这6种表情，猜对者平均不到两种。可见，表演者即使有意摆出愤怒的表情，也会让观众以为是悲伤的感情。

从这个事例上看，虽然表情对揭示性格有很大程度上的可取性，表情相对于语言更能传递一个人的内心动向，但要在瞬间勘破人心，看似简单，实属不易。人类在长期生活实践中，学会了掩饰内心真实情感的手段，这种手法在现代商业谈判中屡见不鲜。洽谈业务的双方，一方明明在很高兴地倾听对方的陈述，且不时点头示意，似乎很想与对方交易，对方也因此对这笔生意充满信心，但没想到对方最后却表示："我明白了，谢谢你，让我考虑一下再说吧。"这无疑给陈述方当头浇了一盆凉水。

所以，人们在通常情况下，没有经过相当程度地对人们内心活动的研究，是不太容易探视出人心的真面目的。

俗语说："眼睛比嘴巴更会说话。"单凭眼睛的动态就可大致推测出一个人的心理。但是，想要抓住一个人性格的主要特征，就必须以眼睛为中心，仔细观察全面的表情才行。

以下就具体说明凭表情判断性格的诀窍。在几乎所有生物中，人的表情是最丰富的，也是最复杂的。

每个人都有一副独特而不容混淆的脸相，即使双胞胎也不例外。因此，人们相见时，给人印象最深的就是脸。从这张脸上，大致能反映出年龄、性别、种族的烙印，而且通过表情也可以流露出其人当时情绪变化状况。

当人们与他人交往时，无论是否面对面，都会下意识地表达各自的情绪。与此同时，也注视着对方做出的各种表情。正是这种过程，使人们的社会交往变得复杂而又细腻深刻。

在高明的观察者看来，每个人的脸上都挂着一张反映自己生理和精神状况的"海报"。狄德罗在他的《绘画论》一书中说过："一个人他心灵的每一个活动都表现在他的脸上，刻画得很清晰、很明显。"

如下这些"脸语"是比较容易读懂的：蹙眉皱额，表示关怀、专注、不满、愤怒或受到挫折等情绪；双眉上扬、双目张大，可能是表现惊奇、惊讶的神情；皱鼻，一般表示不高兴、遇到麻烦、不满等。

愉快的表情在日常生活中很容易有被观察的机会，它的特点是：嘴角拉向后方；面颊往上提；眉毛平舒，眼睛变小。

不愉快的表情，它的特点是：嘴角下垂；面颊往下拉，变得细长；眉毛深锁，皱成“倒八字”。

自然，还可以具体化一些，比如：

眉——有心理学家研究，眉毛可有20多种动态，分别表示不同的感情。汉语中常用词语有：“柳眉倒竖”（发怒）；“横眉冷对”（轻蔑、敌意）；“挤眉弄眼”（戏谑）；“低眉顺眼”（顺从）。宋代词人周邦彦有一句词：“一段伤春，都在眉间。”这是因为，一个人眉间的肌肉皱纹较为典型地体现出他的焦虑和忧郁，即眉头紧锁，而一旦眉间放开、舒展，则是心情变得轻松明朗的标志。

鼻——鼻子的表情动作较少，而含义也较为明确。厌恶时耸起鼻子，轻蔑时嗤之以鼻，愤怒时鼻孔张大，紧张时鼻腔收缩，屏息敛气。人的大脑分为两半球，发自内心的感情通常由右脑控制，却具体反映在左脸上；而左脑则专司理智性感情，然后反映在右脸上。因此，左脸的表情多为真的，右脸的表情有可能是假的。若想知道对方的真实感情，必须强迫自己去观察对方的左脸。

从面部表情上，读透了内心所蕴藏的玄机，是识人高手厚积一世而薄发一时的秘技。最经典的莫过于三国时，诸葛亮和司马懿合唱的“空城计”了。

当诸葛亮带领一帮老弱残兵坐守阴平这座空城时，兵强马壮的司马懿父子率领20万大军兵临城下。

在城墙之上，诸葛亮焚香朝天，面色平静。他旁若无人地洞开城门，自己端坐在城墙之上，手挥五弦，目送归鸿，飘飘然令人有出尘之想。

一场千古的双簧戏，由此拉开了帷幕。诸葛亮和司马懿，这对谋略势均力敌的高手，一个在城墙之上，一个在城墙之下，用心机对峙着。诸葛亮知道司马懿一眼就能看穿他虚张声势的空架式，但诸葛亮更知道，司马家族和曹氏家族的冲突。倘若司马懿拿下了诸葛亮，三国鼎立之势不再，司马家族目前羽翼未丰，最后难逃兔死狗烹的下场。

精通军事的司马懿当然知道帮刘邦打天下的韩信的下场。诸葛亮的存在，让司马懿有了和曹操周旋的机会。对付诸葛亮，曹操还必须倚重司马懿。诸葛亮一倒，曹操立刻没了后顾之忧，安内是必然之举。那一刻，哪里还有司马家族的容身之地。

所以，在表情平静的背后，俩人心中都在波澜起伏，就是因为诸葛亮一生谨慎，心知司马懿不会下手，才敢下这招看似冒险之局。当司马懿的儿子提醒说，诸葛亮在使诈，城中必无伏兵时，心知肚明的司马懿立即打断他的话，以诸葛亮一生唯谨慎的话搪塞过去了。机智的司马懿从诸葛亮平静的表情上领悟到，这是诸葛亮谋划着一曲和他合唱的双簧戏。这出戏，非大智大慧的人，绝不可能唱得如此之好。

以貌识人，但不以貌取人

人类对事物的一般认识过程是：首先是感官接受了外界事物，然后心里有了印象，接着发出声音加以评论，最后才表现为人的外表反应。所以，我们要识人，也应该从人的外貌去识人，以便于看清他的内心世界。

明建文二年（1400 年），策试中有个叫王良的对策最佳，但因其貌不扬，被排为第二，原本第二的胡靖被擢为第一。后来，惠帝亡国，倒是王良以死殉国，而胡靖却投靠了永乐皇帝，做了高官。明英宗对朝臣的相貌也特别看重。天顺时，大同巡抚韩雍升为兵部侍郎，英宗发诏让大学士李贤举荐一个与韩雍人品相同的人继任。李贤举荐了山东按察使王越。王越长得身材高大，步履轻捷，又喜着宽身短袖的服饰。英宗见后很是满意，说："王越是爽利武职打扮。"后来，王越在边陲果然颇有战功。

古人认为，好的面色是：面相有威严，意志坚强，富有魄力，处事果断，无私正直，疾恶如仇；秃发谢顶，善于理财，有掌管钱物的能力；观额高耸圆重，面目威严，有权有势，众人依顺；颧高鼻丰并与下巴相称，中年到老年享福不断；颧隆鼻高，脸颇丰腴，晚年更为富足；颧骨高耸，眼长而印堂丰满，脸相威严，贵享八方朝贡。

识面认为不好的脸色是：颧高而脸颐削瘦，做事难成，晚年孤独清苦；颧高而鬓发疏稀，老来孤独；额高鼻陷，做事多成亦多败。薄脸皮的人常常会被误认为高傲，或者低能。这些误解更增加了薄脸皮者在人际交往中的困难。因此，他们在处理问题时常常不敢大胆行事，宁愿选择消极应付的办法。他们对工作往往但求无过，不求有功，怕担风险。然而，脸皮薄的人并非一无是处。一般说来，脸皮薄者的为人倒是比较坚定可靠的。他们是好部下、好朋友，在特定的狭小范围内，还可以充任好骨干。

总体而言，一个心质诚仁的人，必定会展现出温柔随和的貌色；一个心质诚勇的人，必定会展示出严肃庄重的貌色；一个心质诚智的人，必定会展示出明智清楚的貌色。

但是，识人不能单从相貌出发。古人云："人不可貌相，海水不可斗量。"请看下面的例子。

三国时，东吴的国君孙权号称是善识人才的明君，却曾"相马失于瘦，遂遗千里足"。周瑜死后，鲁肃向孙权力荐庞统。孙权听后先是大喜，但见面后却心中不悦。庞统生得浓眉掀鼻，黑面短髯，形貌古怪，加之庞统不推崇孙权一向器重的周瑜，孙权便错误地认为庞统只不过是一介狂士，没什么大用。于是，鲁肃提醒孙权，庞统在赤壁大战时曾献连环计，立下奇功，以期说服孙权，而孙权却固执己见，最终把庞统从江南赶走。鲁肃见事已至此，转而把庞统推荐给刘备。谁知，爱才心切的刘备也犯了同样的错误。他见庞统相貌丑陋，心中也不高兴，只让他当了个小小的县令。有匡世之才的庞统，只因相貌长得不俊，竟然几处遭到冷落，报国无门，不得重用。后来，还是张飞了解了他的真才后极力举荐，刘备才委以副军师的职务。

一向慧眼识珠的曹操，也有以貌取人的错举。

益州张松过目不忘，乃天下奇才，只是生得额镬头尖，鼻偃齿露，身短不满五尺。当张松暗携西川四十一州地图，千里迢迢来到许昌打算进献给曹操时，曹操见张松"人物猥琐"，从而产生厌烦之感，加之张松言辞激烈，揭了自己的短处，便将张松赶出国门。刘备乘机而入，争取到了张松，从而取得进取西川军事上的优势。如果曹操不是以貌取人，而是礼待张松，充分发挥其才识，那样恐怕会是另一种结果。

这说明光以貌识人，未免识人于偏颇而不全，甚至识错人。要完全认识一个人，还需从其他方面入手。这一点，希望我们在识人时要注意。

第三章 一眼把人看穿

有道是“人心隔肚皮”，一句老话用最平实的语言描述了人与人之心的距离。睿智的先人们还总结了一系列名言警句时刻提醒自己，如“路遥知马力，日久见人心”，又如“知人知面不知心”。不过，总结归总结，提炼归提炼，“识人”是做人做事的第一项修炼，谁也不例外。

衣服，书写着一个人的社会符号

从一个人的衣着上，可以看出一个人很多的东西。它能体现一个人的心理状态及审美观点，从而体现一个人的性格。

第一，喜欢穿简单朴素衣服的人，性格比较沉着、稳重，为人较真诚和热情。这种人在工作、学习和生活中，对任何一件事情都比较踏实、肯干，勤奋好学，而且还能够做到客观和理智。但是，如果过分地朴素就不太好了。这种情况表明人缺乏主体意识，软弱而易屈服于别人。

第二，喜欢穿单一色调服装的人，多是比较正直、刚强的，理性思维要优于感性思维。

第三，喜欢穿浅色衣服的人，多比较活泼、健谈，且喜欢结交朋友。

第四，喜欢穿深色衣服的人，性格比较稳重，显得城府很深，不太爱多说话，凡事深谋远虑，常会有一些意外之举，让人捉摸不定。

第五，喜欢穿式样繁杂、五颜六色、花里胡哨衣服的人，多是虚荣心比较强，爱表现自己而又乐于炫耀的人，他们任性甚至还有些飞扬跋扈。

第六，喜欢穿过于华丽的衣服的人，也是有很强的虚荣心和自我显示欲、金钱欲的。

第七，喜欢穿流行时装的人，最大的特点就是没有自己的主见、没有自己的审美观，他们多情绪不稳定，且无法安分守己。

第八，喜欢时髦服装的人，有孤独感，情绪常波动。这类人完全不理会自己的爱好，还有可能不晓得自己真正喜欢什么，他们只以流行为爱好，向流行看齐。这类人在心底里常有一种孤独感，情绪也时常不安。

第九，喜欢根据自己的嗜好选择服装而不跟着流行走的人，多是独立性比较强，有果断的决策力的人。

第十，喜爱穿同一款式衣服的人，性格大多直率和爽朗，他们有很强的自信，爱憎、是非、对错往往分得很明确。他们的优点是做事不会犹豫不决，而是显得非常干脆利落。言必行，行必果。但他们也有缺点，那就是清高自傲，自我意识比较浓，常常自以为是。

第十一，喜欢穿短袖衬衫的人，他们的性格是放荡不羁的，但为人却十分随和亲切，他们很热衷于享受，凡事率性而为，不墨守成规，喜欢有所创新和突破。自主意识比较强，常常是以个人的好恶来评定一切。他们虽然看起来有点吊儿郎当，但实际上他们的心思还是比较缜密的，而且什么时候都知道自己是做什么的。所以，他们能够三思而后行，小心谨慎，不至于因为任性妄为，而做出错事来。

第十二，喜欢穿长袖衣服的人，大多比较传统和保守，为人处世都爱循规蹈矩，而不敢有所创新和突破。他们比较缺乏冒险意识，但他们又喜爱争名逐利，自己的人生理想定得也很高。这样的人最大的优点就是适应能力比较强，这得益于他们循规蹈矩的为人处世原则。把他们任意放在哪一个地方，很快就会融入其中。所以，他们通常会营造出比较好的人际关系。他们很重视自己在他人心目中的形象，希望得到注意、尊重和赞赏，从而在衣着打扮、言谈举止等各个方面都总是严格地要求自己。

第十三，喜爱宽松自然的打扮，不讲究剪裁合身、款式入时的人，多是内向型。他们常常以自我为中心，而融不到其他人的生活圈子里。他们有时候很孤独，也想和别人交往。但在与人交往中，又总会出现许多不如意。所以，到最后还是以失败而告终。他们大多没有朋友，可一旦有，就会是非常要好的。他们的性格中害羞、胆怯的成分比较多，不容易接近别人，也不易被人接近。他们对团体的活动一般来说，是没有兴趣的。

第十四，喜欢穿着打扮以素雅、实用为原则的人，他们多是比较朴实、大方、心地善良、思想单纯而又具有一定的宽容和忍耐力的人。他们为人十分亲切、随和，做事脚踏实地，从来不会花言巧语地去欺骗和要弄他人。他们的思想单纯只是说凡事都往好的方面想，绝对不是对事物缺乏独特的见解。他们具有很好的洞察力，总是能把握住事情的实质，而做出最妥善的决定和方案。

第十五，喜欢色彩鲜明、缤纷亮丽的服装的人，他们是比较活泼、开朗的，单纯而善良，性格坦率又豁达，对生活的态度也比较积极、乐观和向上。他们大多也是比较聪明和智慧的，这些体现在外的就是有较强的幽默感。同时，他们的自我表现欲望比较强，常常会制造些意外，给人带来耳目一新的感觉，以吸引他人的目光。

色彩，表达着你的个性

各种色彩都有其独特的性格，简称色性。它们与人类的色彩生理、心理体验相联系，从而使客观存在的色彩仿佛有了复杂的性格，从穿的衣服的色彩能够知人性格。

第一，喜欢蓝色的人。蓝色代表着一种平静、稳定。蓝色能给人一种和谐、宽松的感觉。喜欢蓝色的人，一般而言比较容易伤感。这类人也很容易满足，能够保持平衡、调和，经常保持沉着、安定，安全感比较强烈。他们通常处于轻松的状态，并因此而陶醉于理想的境界。留给人们的印象为“温柔”的人中，大多钟爱蓝色。蓝色同时也表示超越时空的永恒，是传统与未来的紧密结合。选择蓝色，在感情上恬静、满足，生理上比较渴望休闲，希望能拥有充分的休息机会。在人际关系中，处事得体，不急躁，能够避免种种纷争、嘈杂的局面。他们希望一种稳定的秩序出现，因此，总是尽量使自己不与周围的人产生摩擦。和谐是他们一切行动的指导。他们比较信赖别人，也希望自己能得到别人的信赖，处事比较圆滑。

第二，喜欢红色的人。红色象征着热量、活力、意志力、火焰、力量。喜欢红色的人通常激情四溢，精力充沛，而且很会赚钱。他们在一种真正的红色时尚中显得非常性感，魅力十足。他们的性格决定了他们经常希望自己成为别人注意的焦点。红色让人产生权力和控制的欲望。生意场上人们喜欢穿红色，认为是权力的象征。喜欢红色的人给人一种精力充沛、异常活跃的感觉。喜欢红色的人不会是一个好的领导人。然而，如果有聪明的领导的话，他们会是很好的执行者。他们只想怎么样按要求完成任务，从来不会计较代价是什么。他们是情绪型的人，他们可能在你面前像活火山一样不时地爆发一次，然后很快就会平静下来。他们的思维非常敏捷，很聪明。当他们激动的时候，也很容易发泄他们的愤怒、暴力、仇恨和反叛。这种颜色对那些患有高血压和焦虑症的病人不合适。

第三，喜欢粉色的人。一般而言，在富裕的家庭中长大、家教良好又偏理性的人大多喜欢粉色。喜欢粉色的人性格稳重、温柔，大多是和平主义者。其中，喜欢淡粉色的人不仅具有高贵典雅的气质，还很会照顾他人；喜欢深粉色的人则在性格上比较接近喜欢红色的人，有活泼热情的一面。粉色代表温柔，一般多为女性喜爱。喜欢粉色的女性往往性格稳重、温柔，却非常敏感，容易受到伤害。独处时，她们总沉浸在幻想中，向往着浪漫的爱情和完美的婚姻。喜欢粉色的男性大多也有温柔的个性，心胸也比较宽广。可是，他们已经非常敏感了，但似乎还希望自己看起来更敏感一些。喜欢粉色的人对各种事物都容易产生兴趣，却不愿主动探究，还有依赖他人的倾向。有一个有趣的现象。有的女性原本对粉色没有特殊的感情，既不特别喜欢也不十分讨厌。但有一天，她会突然爱上粉色。这肯定与她想得到男性的关注有关。为了让自己显得温柔一点，她会有意无意地喜欢上粉色。粉色是恋爱之色，人在恋爱时倾向于喜欢粉色。

第四，喜欢粉红色的人。喜欢粉红色的人常常想让自己呈现出年轻、有朝气的感觉。甚至希望在旁人的眼中是个高贵的形象。喜欢粉红色的人大多不是俊男就是美女，散发着一股让人看到就很舒服的魅力。不过，却有强烈逃避现实的倾向。因不擅长向人吐露心事，常常躲在自己的小天地之中。又因不容易接受别人的意见，也不喜欢和人争论，也常被当作优柔寡断的人。另外，无法忍受现实的难堪及曾被信任的人背叛的人，也会喜欢粉红色。

第五，喜欢黄色的人。黄色是所有颜色中反光最强的。当颜色加深的时候，黄色的明亮度最大，其他颜色都变得很暗。它有激励人心、增强活力的作用，能够增加清晰度，便于交流，并以机智而著称。爱黄色的人们喜爱权力和控制他人，他们不想改变，很有科学性、分析性、判断性、自我中心、独立性、专业性、很顽固、不坦率、常焦虑。有黄色个性的人们很有生意头脑，他们想让别人知道他们受过良好的教育，不管是自学的还是其他的，他们想通过他们智力上的努力来获取成功。他们会是好的领导，他们一般能够很有条理地做出决定。在行动之前会认真分析每一个细节，每个战略游戏都能引起他们的兴趣，下棋是他们的嗜好。他们通常封闭自我，不会让很多人走进他们的生活，他们通常只有一两个好朋友。这些朋友通常也是很有生意头脑的，真正的黄色个性的人们是不会依靠任何人的。他们的穿着很考究，通常看起来很专业。虽然女人可能会加点饰品，但她们的衣着通常很简单。

第六，喜欢橙色的人。橙色是繁荣与骄傲的象征，是自然的颜色。由于它代表着力量、智慧、震撼、光辉、知识和性能力，橙色也被奉成神圣的颜色。橙色是活跃的催化剂，给神经和血液以力量。橙色也和敏感、同情、自助及助人、不确定和天真有关。喜欢橙色的人通常都非常热爱大自然并且渴望与自然浑然一体。他们喜欢户外活动，在林中漫步会让他们感觉到重生的力量。如果喜爱橙色的人们被迫长期待在房间里，可能会生病。青青的树木和可爱的动物对他们来说十分重要。喜欢橙色的人喜爱运动，比较适合从事的职业有农场主、足球运动员和野外露营的队长。只要利用适度，橙色给人柔和、温暖的感觉，但它同红色一样不宜使用过长。对神经紧张和易怒的人来讲，橙色不是一种合适的颜色。

第七，喜欢紫色的人。紫色代表权威、声望、深刻和精神。紫色是由温暖的红色和冷静的蓝色化合而成，是极佳的刺激色。喜欢紫色的人总在努力地使自己更好，无论是在信仰、情感还是精神方面。他们渴望知识，热爱读书。为了能够成就理想的自我，人们会在自己的生活中和别人的生活中寻求答案。由于追求完美而又对自己极为苛刻，他们也在极力与自己做着艰苦的斗争。喜欢紫色的人总是能交到很多朋友，因为他们总是考虑别人比考虑自己为先。总的来说，他们并不会为自己要求过多，但一部分人也可能成为自我英雄主义者。这主要是由于他们喜欢以一种不确定的方式去寻求答案而往往失败，他们也会因此郁郁寡欢。

第八，喜欢白色的人。白色代表着纯洁和神圣。白色可以对心脏、精神、神经和情绪起到一个很好的安抚作用，也有助于培养活力和获得支持性的情感。白色是一种与众不同的颜色。喜欢白色的人带着好奇观察周围的人，他们也与周遭浑然一体。喜欢白色的人无论做什么，总是带着一种圣洁的生活态度。别人也会认为他们如此，尽管他们可能并非真的如此。喜欢白色的人会用一种很挑剔的眼光看待别人，可能对方却一点也感觉不到。自我看重也是他们的一个特点，但只要不造成任何负面影响，这一点不会干扰他们更高的追求。如果选择了白色，要明白太过分会造成被动，也可能会变得无生气、过敏和抑郁。

第九，喜欢绿色的人。绿色是由蓝色和黄色对半混合而成，因此绿色也被看作是一种和谐的颜色。它象征着生命、平衡、和平和生命力。绿色可以制造一种平静安宁的氛围。绿色是最容易被看见的颜色，因为绿色经过水晶体几乎刚好落在视网膜上。作为一种中立颜色，绿色与复苏、生长、变化、天真、富足、平静等有关。喜欢绿色的人乐意去帮助每一个人，他们是自然界的母亲，往往在和医疗有关的行业里工作。他们喜欢隐藏自己的思想，也不过分关注别人的事。所以，他们往往是很好的聆听者，充当顾问这样的角色。其他人想当然地认为，这样的人通常都能很客观地分析事物。热爱和平是他们固化的责任，他们希望每个人都能过上和谐的生活。由于上述特点，喜欢绿色的人容易成为别人最好的朋友。

第十，喜欢黑色的人。黑色是一种否定和决断的颜色。黑色性格的人总希望所有事情即使在细枝末节上都很细致。他们具有很强的统计能力，能做好类似会计的工作。找别人的错误、解决难题应该说是他们非常擅长的事，这也反映了他们执着的性格。深黑色有不可穿透之感，这也成为人们在葬礼上选择穿黑色服装的原因。如果想体现一种权威性并且给人留下深刻的印象，人们也会选择穿黑色。黑色性格的人很情绪化，尽管可能处于重压之下他们也会表现得尤其自然。他们通常会很复杂、高贵、戏剧性、正式并且给人一种强有力的感觉。他们可能成为非常有权力和威慑力的人。黑色穿着会让你感到意志坚定、固执和自律，那你必须小心变得过分僵化和独立，同时也可能反映你对自己很好地应对生活的能力缺乏信心。你还需要经过一个过程才能真正成熟起来，所以在真正认识自我的路上你需要黑色来给自己一个保护。黑色代表着放弃，一种最后的放弃，想穿黑色可能表明经过激烈的思想斗争之后想放弃所有的一切。黑色也意味着自制，在特定场合身穿黑色表明你想以一种权威的形象出现。

不同的发型，不同的个性

不同的发型往往表达着一个人的不同个性，看一个人的性格从头开始。

下面所说的类型，多是针对男性朋友而言：

第一，头发和胡须连在一起，且又浓又粗。这类男性给人的第一感觉往往是剽悍、强壮。一般来讲，这些认识都是不错的。除此之外，他们还显得比较鲁莽，性格豪放不羁，有侠义心肠，喜欢多管闲事好打不平，多不拘于小节。

第二，头发淡疏、粗硬而卷曲。这类人多思维比较敏捷，而且善于思考，并有很好的口才，能够很容易地说服别人。他们的性格弹性比较大，可以说得上能屈能伸，适应性很好。但他们的屈和伸，又是在坚守一定的原则和基础之上进行的。所以，无论外在的东西怎样形式多样地不断变化，其内在还有一些稳定不变的东西。

第三，头发浓密柔软，自然下垂。这类人大多性格比较内向，话语不多，善于思考。从某种程度上说，他们具有很强的耐性和韧性，从事的事业多是和艺术方面有关的。

第四，头发自然向内卷曲，如烫过一样。这类人脾气大多比较暴躁，而且疑心比较重，总是患得患失地在犹豫和矛盾中挣扎。除此之外，嫉妒心还很重。

第五，发根弯曲，发梢平直。这类人的自我意识比较强，厌恶被人约束和限制，不会轻易地向他人妥协。

第六，让自然来决定自己的发型，并且长时间地保持。这类人多数会怨天尤人，却从来不从自己身上寻找原因，更不会付诸行动去寻求改变。他们很多时候容易向别人妥协，很多行动并不是真正发自内心想做的。

第七，头发长长的、直直的，看起来显得非常飘逸和流畅。这类人的性格大多界于传统与现代之间，他们既含蓄世故，又大胆前卫，只是要视情况而定。他们通常有很强的自信心，对成功的渴望很迫切。

第八，头发很短。这样看起来很简洁，而且也极为方便。这类人大多有勃勃的野心，他们的生活总是被各种各样的事情占据着。他们在内心很想把这些事情做好，但实际上却往往什么也做不好，因为他们缺少必要的责任心。在遭遇困难、面对挫折的时候，他们往往是选择逃避。他们做事前准备工作往往做得很细致。

第九，热衷于波浪型烫发的人，说明他们对流行是比较敏感的，他们大多很在乎自己外在的形象，并且知道怎样才能使自己的外在形象达到最佳的效果。他们比较现实，在绝大多数时，能够根据客观实际来协调和改变自己。他们能够把握自己的命运，无论是对任何一件事情，都会积极主导自己地生活，使之达到符合自己的要求。

第十，喜欢蓬松及前端梳得很高的发型。这类人比较保守，而且还有点固执或者也可以说是执着。他们喜欢上一件东西，认准了某一件事物，在绝大多数的情况下，不会轻易地改变自己的想法及观念。

第十一，故意把发型弄得很怪。这类人表现欲望很强烈，希望自己能够吸引更多的目光。他们经常不考虑他人的心情和感受，有什么话就说什么话。他们对任何一件事情都有独特的见解和认识，并且会始终坚持自己的立场。他们很有魄力，敢于同权势对抗，不屈不挠。虽然这些人的行为有时显得让人有些难以接受，却有不少人尊敬他们。

第十二，喜欢平头的人，大多男子汉的味道更浓一些。他们讨厌娘娘腔十足的人，而对很有硬气的人十分有好感。他们看似缺乏温柔，但实际上也有温柔的一面。他们的思想从一定程度上来说，还是相对比较保守和传统的，他们也很在乎自己在他人面前的表现。

第十三，喜欢剃光头的人，多是在努力营造一种能够让人产生误解的想法。这样很容易给人一种神秘感，让人猜不透他们心里在想些什么。

与男士相比，女士的发型分析起来，则显得比较复杂。

第一，女性若留着飘逸的披肩发，则说明她比较清纯、浪漫；若留的是齐眉的短发，则显得天真活泼，无忧无虑；烫成满头鬈发，代表这个人较有青春的活力，或多或少地有点野性。

第二，女性把头发梳得很短，并让它保持其自然的状态，说明这个人比较安分守己，甚至是封闭保守的。如果她把头发梳理得很整齐，但并不追求某种流行的款式，则表明多是比较含蓄，但有较强烈的自主意识的一个人。在自己的发型上投入很多的精力，力争达到精益求精的程度，说明这是一个自尊心比较强，追求完美，爱挑剔的人。

第三，头发像钢丝，又粗又硬，而且还很浓密。这样的人疑心多比较重，不会轻而易举地相信别人。她们最相信的就是自己，所以凡事都要自己动手，才觉得放心。她们做事很有魄力，而且组织能力也比较强，具有一定的领导才能。这类人理性的成分要大大地多于感性，所以涉及感情方面的问题时，往往会显得很笨拙。

第四，头发很粗，但色泽淡，而且质地坚硬，很稀疏。这类人自我意识极强，刚愎自用，往往听不进去别人半句话。她们不甘心被人领导，却渴望能够驾驭别人。她们比较自私，缺乏容人的度量。但一般来说，这类人头脑还算比较聪明。可是，她们的目光又比较短浅和狭窄，只专注于眼前，看不到长远的利益，所以不会有多大的成就。

第五，头发柔软，却极稀疏。一般来说，这类人自我表现欲望比较强。她们喜欢出风头，更爱与人争辩，以吸引他人的目光，获得他人的关注。在她们的性格中，自负的成分占了很多。她们妄自尊大，很少把他人放在眼里，尽管自己在某些方面表现得的确很糟糕。她们做事的时候，缺少必要的思考，常会做出错误的判断，而且还容易疏忽和健忘。

第六，头发浓密粗硬，却能自然下垂。这类人从外形上来看，多半身体比较胖，而且也显得比较慵懒，不喜欢活动。但是，她们的心思多比较缜密，往往能够观察到特别细微的地方。她们的感情比较丰富，易动情，对情感不专一。

什么样的妆，什么样的人

“爱美之心，人皆有之。”女人追求美丽，离不开化妆，而一个人化什么样的妆，往往由她的性格所决定。

下面介绍一下女人的不同化妆与不同性格：

第一，喜欢化流行的时髦妆的人。这类人对新鲜事物的接受能力往往很快，但常缺少属于自己的独立的个性。她们缺少必要的对未来的规划，相对更热衷于今朝有酒今朝醉。她们不知道节省，自我表现欲望强烈，希望自己能够引起他人的注意，城府不是特别深。

第二，喜欢浓妆艳抹的人。这类人自我表现欲望更强烈，总是希望通过一种比较极端的方式吸引他人，尤其是为了引起异性对她们的更多关注。她们的思想比较前卫和开放，对一些大胆的过激行为常持无所谓的态度。她们为人真诚、热情、坦率，虽然有时会遭到一些恶意的攻击，但仍能够尊重他人。

第三，化看起来非常自然的妆的人。这类人多是比较传统和保守的，思想有些单纯，富有同情心和正义感。但不够坚强，在挫折和打击面前常会显得比较软弱。为人很真诚，从来不会怀疑他人有什么不良动机。

第四，小丑般的红脸颊，紫色的眼影，眼睛周围黑黑的人。这类人可能并不认为这是美的象征，她们很可能是在进行某种情感的宣泄。她们多具有相当强烈的叛逆心理，喜欢和一切常规的思想和行为做斗争。

第五，从很小的时候就开始化妆，并且多年来一直保持着同样的模式。这类人多有一些恋旧情结，常会陷入过去的某种回忆中，享受往昔的种种，但也能很快地走出来。她们比较实际，能够尽最大努力把握住目前所拥有的一切。她们为人真诚、热情，所以人际关系不错，有很多志同道合的朋友。她们很容易获得满足，但有一点跟不上时代的潮流。

第六，用很长的时间化妆的人。这类人是完美主义者，凡事总是尽力追求尽善尽美。为了实现自己的目标，她们可能会付出昂贵的代价，但并不在乎。她们多有很强的毅力。她们对自己的外表并没有多少自信，在这方面会花费大量的时间、精力与金钱。但由于她们过分地强调外在的形象，总会给人一种不自然的感觉。

第七，喜欢化异国色彩比较浓重的妆的人。这类人有着比较丰富的想象力，身体内有很多艺术细胞，希望自己能够成为艺术家。她们向往自由，渴望过一种完全无拘无束的生活。她们常常会有许多独特的让人吃惊的想法，是完美主义者。

第八，无论在什么时候，哪怕是出门到信箱里去拿一封信或一份报纸也要化妆的人。这类人多对自己没有自信，企图借化妆来掩饰自己在某一方面的缺陷。她们善于把真实的自己掩蔽起来。

第九，在化妆的时候特别强调某一部位的人。这类人多对自己有相当清楚的认识，知道自己的优点在哪里，更知道自己的缺点在哪里，尤其懂得如何扬长避短。她们多对自己充满自信，相信经过努力，一定能实现自己的理想。她们很现实，并不是生活在虚无缥缈的幻想中的人。她们在为人处世等各个方面都非常果断，并且能保持沉着、冷静的态度。

第十，喜欢化淡妆的人。这类人追求的目标是看起来说得过去就可以了，并不要特别地突出自己，这一点与她们的性格很相符。她们的自我表现欲望并不是特别强，有时甚至非常不愿意让他人注意到自己。这类人有很多都是相当聪明和智慧的，也会获得一定的成就。她们拥有自己的绝对隐私，并且希望能够在这一点上得到他人的尊重和理解。

第十一，从来都不化妆的人。这类人更在乎的多是“清水出芙蓉，天然去雕饰”，追求的是一种自然美。这类人对任何事物都不局限在表层的肤浅的认识，而是更看重实质的东西。在她们心里有非常强烈的平等观念，并且不断地追求和争取平等。

这样笑，最让人懂你

情绪表达的方式很多，笑是其中最愉悦的一种。三五好友齐聚一堂，大家开怀大笑，增进彼此感情，亦未尝不可。从笑的方式，也可以窥见一个人的内心动态和性格。

第一，捧腹大笑的人，大多心胸开阔。当别人取得成就后，他们有的只是真心祝愿，很少产生嫉妒心理。在别人犯错后，他们也会给予最大的宽容和谅解。他们比较有幽默感，总是能够让周围的人感受到他们所带来的快乐。同时，他们还极具爱心和同情心，在能力范围内，最大限度地给予他人帮助。他们没有势利眼，不嫌贫爱富，为人比较正直。

第二，悄悄微笑的人，不是性格比较内向、害羞，就是心思非常缜密，而且头脑异常冷静。无论何时，都能让自己跳到所在的圈子之外，作为一个局外人来冷眼观察事情的发生、发展情况，这样可以更有利于自己做出各种正确的决定。

第三，看到别人笑，自己就不自觉地跟着笑的人，绝大多数是乐观而又开朗的，情绪化比较强，而且有一定的同情心。他们对待生活的态度也是很积极的。

第四，笑得全身都在打晃的人，这类人是很真诚、直率的。和他们交朋友，是个非常不错的选择。当朋友有了缺点和错误后，他们能够直言不讳地指出来，而不是为了当“老好人”、为了不得罪人而视而不见。他们不吝惜，在能力允许的范围内会给予他人无私的帮助。基于此，他们在遇到困难的时候，也会得到来自他人的关心和帮助。

第五，不发出声音而微笑的人，大多是内向而且感性的人。他们的性情比较低沉和抑郁，情绪化比较强，而且很容易受到周围人的感染。他们还具有一些浪漫主义倾向，并且会一直寻找一些可以制造浪漫的机会。为此，可能做出一定的牺牲。他们的性情很温柔，也很亲切，经常能够给人一种很舒服的感觉。所以，他们与人相处起来会显得比较容易。

第六，笑声非常爽朗的人，多是坦率、真诚、热情的。他们是行动派的典型代表，也就是说，决定做一件事，就会付诸行动，非常果断、迅速，从不拖泥带水。这类人表面上看起来很坚强，但心灵深处在一定程度上是极其脆弱和敏感的。

第七，不张口而能发笑的人，大多是在掩饰自己的感情或带着很强烈的警戒心理。为了避免他人洞察自己的真心，他们通常是不会开口发笑的。

笑有各种类型，可以具体分为以下四种：

第一种："哈哈哈"型。这类从腹腔发出笑声的人，属于"豪杰型"。普通人是很难发出这样的笑声的。这种笑声的发出必须具备状态极佳的身体，平常要想如此发笑，必是体力充沛者。

第二种："呵呵呵"型。自我感觉没有信心，强制压抑不快的情绪，属于没有完全发笑的笑声。这类人以这种笑声来掩饰内心的"牢骚"，当身体疲惫或心浮气躁时也会有这样的笑法。

第三种："嘻嘻嘻"型。属于少女型的笑声。这类人好奇心强，凡事都想一试，极其渴望博得周围异性的好感，且此种心态随时都可以表现在脸上。情绪时高时低，高兴与郁闷时的落差大。

第四种："嘿嘿嘿"型。对他人带有批评或轻蔑的态度时，抑或是当事者内心不安和烦恼时，带有攻击性，希望借此压抑对方以获得快感。

笑是一个人快乐心情的体现，但笑的方式却能识别一个人内心动态和性格。

你的办公桌，你的性情

每个人在工作的时候，都有一张办公桌。那么，在这张桌子上，如果够仔细的话，也可以发现许多的秘密。这些秘密是什么呢？这就是通过办公桌所呈现出来的种种表象。

观察一个人到底是什么样的性格，可以看他的办公桌。

不管是办公桌的桌面上，还是抽屉里，都是整整齐齐的，各种物品都放在该放的位置上，让人看起来有一种相当舒服的感觉。这表明办公桌的主人办事是极有效率的，他们的生活也很有规律。该做什么事情，总会在事先拟订一个计划，这样不至于有措手不及的难堪。他们很懂得珍惜时间，能够精打细算地用不同的时间来做更有意义的事情，而不是浪费掉。他们多有一些很高的理想和追求，并且一直在为此而努力。但是，他们习惯了依照计划做事，对于出乎意料之外发生的事情，常常会感到不知所措。在这方面，他们的应变能力稍微差一些。

在抽屉里习惯放一些具有纪念意义的物品的人，多是比较内向的。他们不太善于交际，所以朋友不多，但仅有的几个却是非常要好的。他们很看重和这些人的感情，所以会分外珍惜。他们有一些怀旧情结，总是希望珍藏一些美好的回忆。但他们比较脆弱，容易受到伤害，而且做事也缺少足够的恒心和毅力，常常会在挫折和困难面前不战而退。

抽屉和桌面全都是乱七八糟的人，他们待人相当亲切和热情，性格也很随和，做事通常只凭自己的喜好和一时的冲动，三分钟热情过后，可能就会自然而然地放弃。他们缺少深谋远虑的智慧，不会把事情考虑得太周密，也没有什么长远的计划。生活态度虽积极乐观，但太过于随便，不拘于小节，经常是马马虎虎，得过且过。但是，他们的适应能力较一般人要强一些。

无论是桌面上还是抽屉里，所有的文件都按照一定的次序和规则码好，整齐而又干净。这类人工作很有条理性，组织能力也很强，办事效率比较高，而且具有较强的责任心，凡事都小心谨慎，避免失误的发生，态度相当认真。

这类人虽然可以把属于自己的工作做得很好，但有一点墨守成规，缺乏冒险精神，不会有什么开拓和创新。

桌面上收拾得干净、很整洁，但抽屉内却乱七八糟。这类人虽然有足够的智慧，但往往不能脚踏实地地做事，喜欢耍小聪明，做表面文章。他们性格大多比较散漫、懒惰，为人处世并不是十分可靠。在表面上看来，他们有不错的人际关系，但实际上，却没有几个人是可以真正交心的，他们也是很孤独的一群人。

各种文件资料总是这里放一些，那里也放一些，没有一点规则，而且轻重缓急不分。这样的人大多做起事来虎头蛇尾，总也理不出个头绪来。他们的注意力常被其他事情分散，从而无法集中在工作上，自然也很难做出优异的成绩。他们也想改变自己目前的这种状况，但自我约束能力很差，总是向自己妥协，过后又后悔不迭。可紧接着，又会找各种理由来安慰自己。

桌子和抽屉里都像垃圾堆，找一样东西往往要把所有的东西全部翻个遍，到最后可能还是找不到。这类人工作能力差，效率也极低。他们的逻辑思辨能力非常糟糕，也多缺乏足够的责任感。

一样的话，不一样的人

同样一句话从不同的人嘴里说出来，会产生不同的效果，原因何在？是说话者的说话方式不同。说话方式的不同揭示了不同的心理与性格。细心的人就可以从一个人的说话方式中去读透他的心理。

对事情发展的预测很准的人，他们并非料事如神，有先见之明，只是较其他人善于对事物进行细致入微的观察和思考，养成习惯。久而久之，就会形成相当强的分析能力。然后，综合各种信息，对各种事物进行预测和估计。这类人在绝大多数时候都能领先他人一步。

能说会道者思维比较敏捷，反应速度快，随机应变能力强。他们健谈，善于向他人讲大道理，显示自己的圣明。这类人圆滑世故，处理各种问题相当老练。他们在绝大多数时候会很招他人喜欢，所以人际关系会很不错。

善于倾听者多是一个富有自己独特的思想、缜密的思维，而又谦虚有礼、性情温和的人。他们可能并不太引起他人的注意，但通过一段时间的交往，一定会得到他人的尊重和依赖。他们虚心好学，善于思考，是值得信任的人。

在说话中常带奇思妙语者，他们大多比较聪明和智慧，具有一定的幽默感，比较风趣，而且随机应变能力强，常会给他人带去欢声笑语，很讨他人的喜欢。

在谈话中转守为攻者，多心思缜密，遇事能够沉着冷静地面对，随机应变能力强，能够根据形势适时地调节自己。他们做事稳重，从不做没有把握的事情，总是首先保证自己不处于劣势，然后再追求进一步的成功。

能够根据谈话的进行，适时地改变自己的人，头脑灵活，能够在很短的时间内正确地分析自己的处境，然后寻找适当的方法得以解脱。

在谈话中能够运用妙语反诘者，不仅会说，而且更会听。当形势对自己不利时，他们能够抓住各种机会去反击，从而使自己处于主动地位。

在谈话中能够以充分的论据论证说服对方的人，多是非常优秀的外交型人才。他们通过自己独特的洞察力，往往能够对他人有非常清楚的了解，然后使自己占据主动地位，使对方完全根据自己的思路走，以赢得最后的胜利。

谈吐非常幽默的人，多感觉灵敏，心理健康，胸襟豁达。他们做事很少死板地去遵循一些规则，甚至完全是不拘一格。他们非常圆滑、灵通，显得聪明、活泼。有许多人都愿意与他们交往，他们会有很多的朋友。

在谈话中，经常说一些滑稽搞笑的话以活跃气氛的人，待人多比较热情和亲切，而且富有同情心，能够顾及他人。

自嘲是谈话的最高境界，善于自我解嘲的人大多比较豁达、乐观、超脱，具有调侃的心态和胸怀。

在谈话中善于旁敲侧击的人，多能够听出一些弦外之音，又较圆滑和世故，常做到一语双关。

在谈话中软磨硬泡的人，多有较顽强的性格，有一股不达目的誓不罢休的精神，一直等到对方实在没有办法，不得不答应才罢手。

在谈话中滥竽充数的人，多胆小怕事，遇事推卸责任，凡事只求安稳太平，没有什么野心。

避实就虚者，常会制造一些假象去欺骗、糊弄他人。一旦被揭穿，又寻找一些小伎俩以逃避、敷衍过去。

固执己见者从来听不进他人的意见和建议，哪怕他人是正确而自己是错误的。

步调代表我的心

行为学家明确指出："在一般情况下，要判断对方的思想弹性如何，只要让他在路上走走，就可以基本了解了。"一个人的心情不同，走路的姿势也就不同。每个人的秉性各异，走起路来也有不同的风采。

在泄露人的心理活动这一方面，脚是全身最诚实的部位。这种看似不经意的动作，有时反而最能反映一个人的特性。

第一，步履平稳型。这类人注重现实，精明而稳健，凡事三思而后行，不好高骛远。重信义守承诺，不轻信人言，是值得信赖的人。

第二，步履急促型。不论有无急事，任何时候都显得步履匆匆。这类人明快有效率，遇事不推诿卸责，精力充沛，喜爱面对各种挑战。

第三，上身微倾型。走路时上身向前微倾的人，个性平和内向，谦虚而含蓄，不善言辞。与人相处，外冷内热，表面上沉默冷淡，实际上极重情义。一旦成为知交，至死不渝。

第四，昂首阔步型。这类人以自我为中心，凡事只相信自己，对于人际关系较淡漠。但思维敏捷，做事有条不紊，富有组织能力，自始至终都能保持自己的完美形象。

第五，款款摇曳型。这种走路姿态多半是女性，她们腰肢款摆，摇曳生姿，为人坦诚热情，心地善良，容易相处，在社交场合中永远是受人欢迎的对象。古代相书将这种走路姿态的女人视为放荡成性，但随着时代不同，新时代会有新见解。

第六，步履整齐双手规则摆动型。这类人对待自己如军人般，意志力相当坚强，具有高度组织能力，但容易偏向武断独裁。对生命及信念固执专注，不易为人所动，不惜牺牲性命去达成目标与理想。

第七，八字型。双足向内或向外，形成八字状，走起路来用力且急躁，但上半身却维持不动。这种人不喜欢交际，但头脑聪明，做起事来总是不动声色，偶尔有守旧和虚伪的倾向。

第八，漫不经心型。步伐散漫，毫无固定规律可循。有时双手插进裤袋里，双肩紧缩；有时双手伸开，挺胸阔步。这类人达观、大方、不拘小节，慷慨有义气，有创业的雄心。但有时容易变得浮夸，遇到争执绝不肯让人。

第九，脚踏实地型。双足落地时铿锵有力，抬头挺胸，行动快捷。这类人胸怀大志，富有进取心，理智与感情并重。

第十，斯文型。双足平放，双手自然摆动，走起路来异常斯文，毫不扭捏。这类人胆小、保守，缺乏远大理想，但遇事冷静沉着，不易发怒。

第十一，冲锋陷阵型。行动快速迅捷，从不瞻前顾后，不管是人群拥挤之处还是人烟罕至之地，一律横冲直撞。这类人性格急躁、坦白、喜交谈，不会做出对不起朋友的事来。

第十二，踌躇不决型。举步维艰，踌躇不前，仿佛前端布满陷阱似的。这类人个性软弱，逢事思考再三，瞻前顾后。但憨直无欺，重感情，交友谨慎。

第十三，混乱不堪型。双足与双手挥动不平均，步伐长短不齐，频率复杂。这类人善忘、多疑，做事往往不负责任。

第十四，观望不前型。行走迟缓，犹犹豫豫，闪闪躲躲，仿佛做了亏心事。这类人胸无大志，好贪小便宜，不善与朋友交往，喜欢独处，工作效率低。

第十五，扭捏作态型。走路如迎风杨柳，左右摇摆。这类人喜欢装腔作势，做事不肯负责，气量狭小，个性奸诈，善于谄媚。

第十六，吊脚型。步履轻佻，身躯飘浮。这类人生性狡猾，有小聪明但不能用在正处。性情阴沉，愤怒不会显露于脸上。当他肯帮助别人时，通常都要索取高昂的代价。

第十七，踉跄型。举步蹒跚，忽前忽后，喜欢在人群中东奔西蹿。这类人做事粗心大意，但慷慨好施，不求名利，安分守己。爱热闹，健谈，思想单纯，喜欢户外活动。

第十八，携物型。走路总爱携带物品，如书籍、腰包等，否则就觉得空荡荡地无所依恃。这类人心情忧郁、性格内向，往往是悲观主义者，或有严重的自卑感。

小动作，莫轻视

古人云："听言观行，知人良法。"就是说，听其说话，看其行动，是识别人的好方法。心理学家近年来的研究指出，一个人的姿态往往反映一个人对他人所持的态度。

每个人的举手投足都反映其心态和性格。所以，我们可以通过一个人的一举一动来透视其内心，也是一种识人妙法。

第一，手插裤兜者。双脚自然站立，双手插在裤兜里，时不时取出来又插进去。这类人的性格比较谨小慎微，凡事三思而后行。在工作中，他们最缺乏灵活性，往往用呆办法来解决很多问题。他们对突如其来的失败或打击心理承受能力差，在逆境中更多的是垂头丧气，怨天尤人。

第二，双手后背者。两脚并拢或自然站立，双手背在背后。这类人大多在感情上比较急躁，但他与人交往时，关系处得比较融洽，其中可能较大的原因是他们很少对别人说"不"。当过兵的人对双手后背这种习惯动作很熟悉。尽管部队规定在正式场合不许袖手和背手，但还是可以看到在非正式场合一群新兵聊天的时候，突然老兵班长来了。他往往就是背握着手，昂起下巴，在新兵中走来走去。把老班长这种动作换成语言来表示，就等于他在说："我是老兵，我是班长，你们得听我的。"这是相当自信的姿势。

第三，经常摇头者。经常"摇头"或"点头"以示自己对某件事情看法的肯定或否定。他们在社交场合很会表现自己，却时常遭到别人的厌恶，引起别人的不愉快。但是，经常摇头或点头的人，自我意识强烈，工作积极，看准了一件事情就会努力去做，不达目的誓不罢休。

第四，吐烟圈者。这类人突出的特点是与别人谈话时，总是目不转睛地看着对方，支配欲望强，不喜欢受约束，为人比较慷慨，哥们儿义气重。因此，他们周围总是包围着一群相干和不相干的人。吐烟圈还能看出此人对某个状况是积极的还是消极的态度，那就是看他把烟圈是朝上吐还是朝下吐。一个积极、自信的人多半会把烟向上吐。相反，消极、多疑的人多半会朝下吐烟。若是朝下吐，而且是由嘴角吐烟时，表示出此人非常消极或诡秘的态度。

第五，拍打头部者。拍打头部这个动作多数时候的意义是表示对某件事情突然有了新的认识，如果说刚才还陷入困境，现在则走出了迷雾，找到了处理事情的办法。拍打的部位如果是后脑勺表明这种人敬业，拍打脑部只是为了放松一下自己。时常拍打前额的人是个直肠子，有什么说什么，不怕得罪人。

第六，拍打掌心者。与人谈话时，只要他动嘴，一定会有一个手部动作，如相互拍打掌心、摊开双手、摆动手指等，表示对他说话内容的强调。这种人做事果断、雷厉风行、自信心强，习惯于把自己在任何场合都塑造成“领袖”人物，性格大多属于外向型，很有一种男子汉的气派。

第七，言行不一者。当你给某人递烟或其他食物时，他嘴里说“不用”“不要”，但手却伸过来接了，显得很客气的样子。这种人比较聪明，爱好广泛，处事圆滑、老练，不轻易得罪别人。

第八，触摸头发者。这类人个性突出，性格鲜明，爱憎分明，尤其疾恶如仇。他们经常做一些冒险的事情，喜欢挤眉弄眼，爱拿人当调侃对象。这类人中，有的缺乏内涵修养，但他特别会处理人际关系，处事大方并善于捕捉机会。

第九，抖动腿脚者。喜欢用腿或脚尖使整个腿部颤动，有时候还用脚尖磕打脚尖或者以脚掌拍打地面。这类人很能自我欣赏，性格较保守，很少考虑别人。然而，当朋友有困难时，他会经常给朋友提出一些意想不到的好的建议。

第十，手摸颈后者。当一个人习惯用手摸颈后时，是出现了恼恨或懊悔等负面情绪。这个姿势称为“防卫式的攻击姿态”，在遇到危险时，人们常常不由自主地用手护住脑后。但在防卫式的攻击姿势中，他们的防卫是伪装，结果手没有放到脑后，而是放到了颈后。女人伸手向后，撩起头发，来掩饰自己恼恨的情绪，并装作毫不在意的样子。

第十一，摊开双手者。大部分的人要表示真诚与公开的一个姿势，便是摊开双手。意大利人毫无约束地使用这种姿势，当他们受挫时，便将摊开的手放在胸前，做出“你要我怎么办”的姿态。他做的事情出现坏的现象，别人提出来，而他摊开双手，表示他自己也没有办法解决，一副无可奈何的样子。摊开双手，有时耸肩的姿态也会随着张手和手掌朝上而来。演员常常用到这个姿势，这不只是表现情绪，即使在说话前，也能显示出这个角色的开放个性。

第十二，解开外纽扣者。这类人的内心真诚友善，在陌生人面前表达这种思想时，最直接的动作便是解开外衣的纽扣，甚至脱掉外衣。在一个商业谈判会议上，当谈判对手开始脱掉外套，领导便可以知道双方正在谈论的某种协定有达成的可能。不管气温多么高，当一个商人觉得问题尚未解决，或尚未达成协议时，他是不会脱掉外套的。那些一会儿解开纽扣，一会儿又系上纽扣的人，做人较优柔寡断，意志不坚定，犹豫不决。

第十三，拍案击节者。这有两种情形。一种情形是，谈话时，一个人以手在桌上叩击出单调的节奏，或者用笔杆敲打桌面，同时脚跟在地板上打拍子，或抖动脚，或用脚尖轻拍。这种节奏并不中途停止，而是不断地嗒嗒作响。这些都是在告诉你，他已经对你所讲的话感到厌烦了。另外一种情形是，一个人在看书、读报、看电视，尤其是看球赛之类突然拍案击节，表示他对故事情节或运动员的某个动作表示赞赏。这种人性格乐观，对烦恼不记挂于心。

第十四，双手叉腰者。这类人希望在最快的时间内，经过最短的距离，达到自己的目标。他突然爆发的精力常是在他计划下一步决定性的行动时，看似沉寂的一段时间内所产生的。这个姿势就像他用 V 字代表胜利的符号一样，成为他的特征。“不飞则已，一飞冲天；不鸣则已，一鸣惊人”，就是这个意思。

酒后吐真言，识人最佳时

交际场合喝酒是不可避免的，但我们都知道，酒是一种麻醉品，稍微喝得多些，就非常容易使人的言谈失去控制，与平时判若两人。大多数人在醉酒的时候，变得语无伦次，但多为真言。因此，通过酒后所言可以得知其内心的真实想法。

第一，喝醉酒后喜欢喋喋不休的人。原本沉默寡言的人，几杯酒下肚后变得喋喋不休。这类人性格内向，平时的人际关系不是很和谐。但这类人对长辈通常采取毕恭毕敬的态度，长辈说一，绝不说二，言听计从，深得长辈的喜爱；对女性则是正经八百，以示尊重。

第二，喝醉酒后喜欢到处活动的人。这类人性格上具有强烈的反叛心和自卑感，讨厌各种形式的束缚。他们内心深处可能对长辈、家人或同事心存怨恨。这类人经常借酒发泄心中的不快，有时还会摔东西。

第三，喝醉酒后喜欢沉默寡言的人。这类人平常活泼好动，具有很强的行动力和攻击性。他们是实践自我观念极其果断的人。但这类人一旦喝了酒，就会一反常态，变得很安静，多半盼望改变自己目前的生活。

第四，喝醉酒后喜欢哭哭啼啼的人。这类人虽然性格内向，却是不折不扣的浪漫主义者，在日常生活中恪尽职守。

第五，喝醉酒后喜欢呼呼大睡的人。这类人通常是性格内向的意志薄弱者。对旁人的意见经常表示附和，很没有主心骨。如果与异性的交往，遭到父母的反对，就不会再继续了。

第六，喝醉酒后喜欢大声唱歌的人。这类人性格开朗活泼，具有社交性、乐善好施，极富冒险精神。他们喜欢把自己的个性和技术发挥在工作上，将来很有发展前途。

第七，喝醉酒后喜欢吵架动粗的人。这类人疾恶如仇、刚直不阿，爱打抱不平，喜欢帮助弱者。可以说，这类人是具有强韧行动力的人。喝醉酒喜欢动粗的人，性格顽强，也很具有行动力。他们一般酒醒后会对自己醉酒中的失态表示歉意。

第八，喝酒时喜欢高喊干杯的人。这类人看起来很和蔼可亲，其实性情冷淡。不过，他们很有心计，时刻注意自己的仪表。这种人人缘很好，朋友也很多。

第九，喝酒时喜欢劝他人喝的人。这类人善于交际、虚荣心强、防卫本能强，在骨子里希望对方和自己是相等的。

名片：展示自己的窗口

名片是人际交往中向别人介绍自己、展示自己的窗口。有的名片风格华丽，有的名片风格朴实，有的名片言简意赅，有的名片洋洋洒洒……名片上的语言，也表达了一个人对自身的评价，从中可以看出一个人的心态。

交换名片，是彼此传达身份的一种手段。但是，有的人即便在非正式的场合中，也喜欢递出名片。哪怕在公共汽车上、小吃店偶然邂逅朋友、熟人，也要拿出一张名片，甚至到酒吧喝酒时，都不忘给服务员名片。这些人为什么动不动就拿出自己的名片呢？因为他们在评价对方时，很易受对方的工作、职位或学历等所左右，由于这种心理的投射作用，也喜欢在名片上印自己喜欢的、认为别人会对他另眼相看的各式头衔。当他们拿出名片交给对方时，便判断对方一定也会把自己捧得高高的。

名片是一个人身份和地位的标志，透过名片能了解对方的工作和职位。但是，仅仅看名片上的这些内容，我们是无法洞悉其人品性如何的。因此，我们要想通过名片，看一个人的性格与心理，就必须注意名片的其他方面。

第一，喜欢在名片上用粗大字体印上自己名字的人，大多表现欲望强烈。他们总是不时地强调自己、突显自己，以吸引他人的注意。这类人的功利心一般都是很强烈的，但在为人处世等方面却表现得相当平和亲切，具有绅士风度。他们最擅长使用某些手段来达到自己的目的，他们的外表和内心经常会不一致。从表面看，他们是相当随和的。但实际上，他们也有很强的个性，不容易让他人真正地靠近。他们善于隐藏自己，为人处世懂得眼力行事，更能把握分寸，使一切都恰到好处。

第二，身兼数职，头衔繁多，但在名片上没有印上任何头衔的人，大多个性较强，他们讨厌一切虚伪、虚假、不切合实际的东西。他们并不十分看重自己的身份和地位，也很少考虑他人对自己的看法，他们只喜欢按照自己的意愿去做任何一件事情，而不是被他人支配和调遣。与此同时，他们也很少对别人指手画脚，发号施令。他们具有超乎一般人的想象力和创造力，所以经常会有所创新和突破。

第三，喜欢在名片上加亮膜，使名片具有光滑效果的人，在外表上看起来多显得热情、真诚和豪爽，与人相交十分亲切和善。但这可能只是他们交往中惯使的一种敷衍手段。实际上，他们虚荣心比较强。

第四，喜欢用轻柔质感的材质制作名片的人，具有很强的审美观念。他们大多性情温和，说话文雅而浪漫，不太轻易与人发生争执。在条件允许的情况下，会尽力去原谅对方。他们比较富有同情心，会经常去帮助和照顾他人。但这类人不算太坚强，意志薄弱，而且很容易招来别人的不满和批评。

第五，在名片上印有绰号和别名的人，叛逆心理大多比较强，做事常无法与其他人合拍。他们为人处世是比较小心谨慎的，但有时会有些神经质，常常会产生一些无端的猜疑，猜疑别人的同时也怀疑自己。这使得他们很容易产生自卑感，在遇到挫折和困难的时候，缺乏足够的信心，总是想妥协退让。从某一方面来讲，他们没有太多的责任心，还总会想方设法来逃避自己该负的责任。

第六，同时持有两种完全不同的名片的人，除了所从事的本职工作以外，大多还有另外一份职业。他们的精力往往是相当充沛的，还具备一定的实力，可以同时应付几件事情。他们的思维和眼光较一般人要开阔一些，能够看得更远一些，他们常会有些深谋远虑的策略和想法。他们的兴趣相对要宽广一些，懂得很多别人不懂的东西。他们的创造力是很突出的，常会有一些惊人之举。

第七，在名片上附加自己家里的住址和电话的人，大多是具有较强的责任感的。否则，他不会把自己家里的地址和电话印在名片上。这样一来，如果他不在办公室，对方一定会找到家里来，把事情解决。而与此相反，恰恰有许多人为了逃避工作上的麻烦，而拒绝告诉他人自家的地址和电话。

第八，不分时间、地点和场合，见人就递名片的人，大多有十分强烈的表现欲望。他们喜欢把自己摆在一个相当显眼的位置上，让所有人都能看到。见人就发名片，正是他们这一性格的淋漓尽致的表露。在很大程度上，他们是把自己的名片当成宣传单在使用。这类人多有勃勃的野心，但他们很少轻易表露自己的这种心思。所以，他们在一言一行上都显得小心翼翼。但若是细心观察，还是能够把什么都看得一清二楚的。

第九，名片的质地、形状和色泽都显得相当另类的人，表现欲望是相当强的，而且喜欢卖弄。他们多喜欢无拘无束，自由自在地生活，自己愿意干什么就干什么。这类人大多头脑灵活，有不错的口才。但他们习惯于独来独往，我行我素。所以，除了自己的东西以外，对其他任何事物很难产生浓厚的兴趣。他们对是非善恶往往分得很清楚，并且表现出的态度也会十分鲜明。所以，他们会经常招惹一些麻烦。在人与人的交往中，他们缺乏足够的协调性，人际关系并不是很好。

第十，经常若无其事地掏出一大堆别人的名片的人，他们掏名片的目的不用任何说明就非常清楚了，这是他们夸耀和显摆自己的一种方式，希望他人能够对自己另眼相看。这类人自我意识多比较强，常常以自我为中心，自以为是。他们的社交能力、组织能力比较强，具有不错的口才和充沛的精力，成功的概率还是比较大的。

学会读名片，你便会在与别人没有深交以前，就会对他做出初步的了解。

第四章

透过细节看人心

俗话说："细微之处见端倪。"讲的就是很多事情都可以从生活细节中看出个究竟，找出个所以然。生活细节往往在一定程度上反映出一个人的内心世界。

看人要注意细枝末节

大家都知道，曾国藩是晚清名臣。可他之所以能够建立旁人所不能企及的功绩，还在于他善于识人用人。

太平天国起义爆发后，曾国藩受命组织湘军平乱。为了充实军队，他到处招兵买马，广纳人才。有一天，三个人同时来拜见曾国藩。

当幕僚向他递上这三个人的拜帖时，曾国藩沉思了一会儿，对幕僚说："你去，说我正在与将领商讨军政大事，不敢滋扰，请三位且坐，待会散后再行禀报。"

幕僚便出去向三位访客传话。三人无奈，只得坐下等待。曾国藩让下人随时报告他们的举动。

过了几个小时，三个人在房子里各有自己的动作。其中一个人正襟危坐，默不出声。另一个人在房子里一边踱步，一边沉思，气度从容。而第三个人在房子里显得很不耐烦，不断地向人打听曾大人的会议是否已散，什么时候能够接见他。

天色已晚，曾国藩才让幕僚去告诉那三个人："会议已散，三位客人前来投奔的心意大帅也知道了，今日已晚，便不再留人。请三位明早直接到大帐报名，大帅自有任用之处。"

幕僚奇怪地问，为什么大帅并未与三人交谈，便收录他们了呢？

曾国藩说："第一个人比较稳重，但过于死气沉沉，可用以掌管文书账册，其能力功名也止于此耳。第二个人是不可多得的人才，为人沉着，勤于思考，将来成就可与我比肩。第三个人有胆略，虽处军帐之中，并无一丝拘束，但性格急躁，以后可能功成名就，但也不免战死疆场。"

多年后，三个人的际遇果然像曾国藩所说的那样。第一个姓王的书记官，果然庸碌一生；第二个人便是被后人称为湘军四大统帅的彭玉麟，建水师，立战功，官至兵部尚书；第三个人是江忠源，立战功，官至安徽巡抚，但后来在庐州战死。

人往往会从细微处反映出自己的性格，而性格决定一个人的命运。

有时候，并没有太多的时间可以让我们慢慢地去了解一个人，我们只能通过一次短暂的面谈，便要决定是否和他合作。那么，“窥一斑而知全豹”，我们可以从一些细节上，来判断此人能不能用、可不可交。

有这样一个故事：

一家高级宾馆招聘客房部主任，来应聘的人很多，其中不乏学历高、资历深的人。笔试、面试……一切都按照正常的程序进行。到了她走进来的时候，已经是今天最后一名应聘者了。主考官微微叹气，看来，招到合适的人希望不大了。她的笔试成绩并不比别人好，面试给考官留下的印象也很一般。结束时，主考官礼貌地让她回去等通知。她微笑着站起来说：“谢谢。”其实，她知道自己被录用的希望并不大。她将面前纸杯里考官给她倒的纯净水一饮而尽，走到门后的垃圾桶旁，将纸杯扔了进去。

转身要走的时候，她注意到垃圾桶旁还扔着两个空的纸杯子。她犹豫了一下，蹲下身将两个空纸杯捡起来，扔到垃圾桶里。

然后，她向屋内的人鞠躬，拉开门正要出去，忽然听到主考官喊道：“等一下！小姐，你已经被录取了。”

原来，真正的考试在这里。一个客房部主任固然需要适当的学历来证明她的素质，需要深厚的资历说明她的经验和能力，可更重要的，是她对这份工作的用心。房内的垃圾桶乱七八糟，酒店客房部主任如果都视若无睹的话，那她怎么可能在对客人的服务上按高标准要求自己、要求大家？

这个考试考的就是一个细节，而从这个细节中反馈回来的信息，对于主考官来说，已经足够。从细节上推测其心理活动，达到神奇绝妙的地步。其实，从生活细节上观察人、识别人、看人心带有很大的经验性，是有一定规律可以遵循的。所以，一些有心人在实践中总结出用生活细节去识别人心的四条规律：

一是从小动作、小习惯上看人心。一个人的性格特点及一个人的本性往往会通过自身的小动作、小习惯流露出来。例如，总喜欢掰手指的人，一般工于心计，总在动脑筋；坐下就跷起二郎腿的人，一般都自命不凡，高人一等；走路总是驼背低头的人，一般都心事较重。

二是从言谈举止上看人心。那些直率热情、活泼好动、喜欢交往的人，往往是性格开朗的人；那些快言快语、眼神锋利、情绪冲动的人，往往是性格急躁的人；那些懂礼貌、讲信义、实事求是、心平气和的人，往往是谦虚谨慎的人；那些表情细腻、注意举止的人，往往是性格稳重的人。

三是从言辞上看人心。说话的时候，把“我想”“我认为”“依我看”

“我感到”等字眼挂在嘴边的人，一般都是自以为是、刚愎自用的人；说话的时候，总喜欢加上“好不好”“行不行”“可以吗”等字眼的人，一般都是自信心不强、没有大主意的人；说话的时候，总是含糊其词、模棱两可的人，一般都是老奸巨滑、老于世故的人。

四是从表情上看人心。经常喜欢皱眉的人，一般都是心思较重、心事较多、好想这想那的人；经常喜欢用眼角看人的人，一般都是心胸狭隘、心怀叵测、内心深处充满恐惧感的人；经常喜欢用手挠头的人，一般都是心绪不宁、心情烦躁的人。

总之，只要我们平时注意锻炼自已观察细节的能力，就一定能发现每一个人在生活中的特征，从而进一步掌握其内心世界的秘密。

思想指导人的行动，心里想什么，必然体现在他的行动上。只要我们在日常生活中注意观察他人的细节，就能看透他人的心。

读透对方情绪

有这样一个历史故事：

有一个将军，在一次战斗中被对方擒获，被押回对方大营。这一位将军也算得上是一位铁骨铮铮的汉子，从被敌方擒获以后，就没有想过要投降敌人，抱着必死的决心，丝毫不肯向对方低头。不管是谁来劝他投降，他都怒目相视，绝不理睬。

敌方的国王也敬佩他是一个有骨气的大将，越发地盼望这个将军能够投降自己，为自己所用。可惜的是，不管怎么劝说，这位将军还是毫不理会。国王为此感到无可奈何，但又很不甘心。

这个时候，国王的一名随从过来说："陛下，请不必为难。依属下看，这位将军虽然现在表现得还很强硬，但只要我们坚持劝说下去，他迟早会投降的。"

国王将信将疑地说："我派包括你在内的那么多人对他劝说了那么久，都没有任何效果，你怎么能肯定他会投降啊？"

随从诡秘地一笑，压低声音奏道："属下刚才去劝降的时候，见到有灰尘从房梁上掉下来，落在那位将军的袍袖上面——他居然能够察觉。最主要的是，他小心地把袍袖上的灰尘掸掉了。试想，一个人若是早把生死置之度外，怎么还会顾得上吝惜身上的袍服呢？"

国王听后觉得有道理，于是对被擒将军坚持劝降。终于，那个将军投降了国王，成为国王手下的一员得力干将。

故事中的那个属下通过将军掸掉身上的灰尘这一个微小的细节，就做出了精确的判断，为国王的劝降工作立下大功。这名属下可称得上是真正的深谙察言观色之道。一名善于沟通的说话者就应该像那名属下一样，通过察言观色来揣摩对方的行为，捕捉其内心活动的蛛丝马迹，探索引发这类行为的心理因素。唯有如此，才能使沟通更加便利、更加有效。

语言家早就说过："人们之间的大部分沟通，并不是通过语言完成的。"

所以，还必须用眼睛看。对方在听你说话的同时在想什么、想干什么，这些往往不会由对方直接说出来，而是由他的表情、动作流露出来——这就需要你仔细地观察。

举例来说，为寻求某人的帮助，你去其家中拜访他。在与他谈话的过程中，你发现他一边跟你说话，一边眼往别处看，同时有人在小声讲话。这时，聪明的你应该意识到，你的来访打断了他某件待办的事，他心里惦记着这件事，虽然在接待你，却心不在焉。这时，最明智的做法是收住话头，赶紧告辞："您现在一定很忙，我就不打扰了，我的事过两天再说吧!"把你送走，他在心里赞赏你"有眼力"的同时，对你也有歉疚之意——因为自己的事，没好好接待人家。于是，你托办的事，他会努力办成，以此来补报。

要做到"看别人脸色说话"，首先要能读透对方的情绪。

下面列举几种常见情绪的外在表现，供读者参考：

第一，生气。脸部发红，双唇紧闭，手臂或双腿交叉，语速加快，姿势僵硬，握紧拳头。

第二，怀疑。双唇紧闭，双眉皱起，斜眼看人，翘起一边嘴角，摇头，眼珠转动。

第三，敌意。双臂或双腿交叉，避开对方眼神，呼吸加快，闭口不语。

第四，无聊。眼光游移，身体左倚右靠，胡乱涂写，身子往一旁倾斜以避开某人目光，打呵欠，玩弄纸笔。

第五，紧张。眼神乱瞟，姿势僵硬，不停地玩弄或调整纸、笔、眼镜等，汗流不止，笑得很突兀，或者抖腿。

从抽烟方式来看人

虽然抽烟有害健康，但许多人依旧我行我素。抽烟是一种冒险，一个人如何冒险？又为什么要冒脸？不同的人对香烟持有不同的看法，我们可以从他们对香烟的态度上识别对方。

第一，喜欢抽低焦油量烟者意志不坚定。这类人都懂得吸烟的害处，想把烟戒掉，但又控制不住自己，所以选择低焦油含量。这类人缺乏必要的果断力，凡事不能雷厉风行地做出决定，总是想着要几者兼顾，不肯也不轻易放弃什么，多打算采用居中的办法使事情得以解决。这种人的意志和信念并不坚定，在遇到挫折和磨难的时候，总能为自己找到许多理由和借口。

第二，喜欢抽无过滤嘴烟者诚实。这类人多诚实可信，为人处世比较脚踏实地，人格魅力很突出。他们是很现实的人，不会把时间和精力花费在没有意义的事情上面。但对于某件事不尽如人意的结果，他们也会感到深深的懊恼。

第三，喜欢卷烟抽者固执。这类人中，一种是经济落后的原因所致，另一种是热衷于自己卷烟抽。这样的人多有耐性，但很固执，并不会轻易地接受他人的建议和忠告。

第四，喜欢用烟嘴抽烟的人不自信。这类人有非常强烈的表现欲和虚荣心，缺乏安全感，所以要与他人保持一定的距离才会觉得比较自在。这类人也没有十足的自信心，在很多时候会故意营造出一种假象，使自己看起来成熟老练一些，以混淆视听。

第五，在电梯里抽烟者自私。喜欢在电梯里抽烟是一种展现权力和控制欲的方法。如果一个人需要用这种方式获得自我满足的话，表明他是一个私心相对较重的人，为自己考虑得多，而基本上不为他人着想。他们习惯于以一种藐视的态度来确定自己的地位，这样就会让他人感觉很不舒服。所以，这类人并不容易营造出良好的人际关系。

第六，喜欢抽外国烟者虚荣。没有在国外生活的历史，却对外国烟情有独钟，而且养成了抽外国烟的习惯。这类人表现欲和虚荣心比较强，爱出风头以吸引别人的目光。他们会在各个方面不断地严格要求自己，以达到无懈可击的完善、完美程度。

第七，把烟深深吸进肺里的人占有欲强。喜欢让一种经验长久持续下去，企图榨干生命中的一点一滴。他总是大口含着烟，尽情地深深一吸。他讨厌原有的一切离开自己，讨厌眼看着事情结束。不幸的是，这种事情在他身上经常发生。

第八，做爱后抽烟的人复杂。抽烟可以打断瞬间的情绪，也可以隐藏不自在的情感。在做爱之后，以抽烟来放松心情，表示性行为带给自己紧张的情绪。也许自己不愿伴侣知道自己的某种想法或感觉，也可能他压抑了某种想法或感觉。在这时候抽烟，可以掩饰其他可能被性行为所唤醒的更深层需求。长时间的亲密令他害怕，然而，一旦这样的关系真的发生了，他可能觉得自己必须让这样的关系持续下去。

从爱好上去识人

从一个人日常生活中的爱好上，也能认识他是怎样的一个人。

第一，收藏爱好。这种人追求生活的高层次享受，不但要求温饱、稳定、家庭和睦、事业成功，而且要有丰富充实的休闲生活，以便在紧张的学习、工作之余，消除疲劳，潜移默化地增长知识，得到美的享受。收藏是根据各人爱好，将某一类物品（或某一专题的物品）精心组织、收集，并妥善保管、储藏，作为自娱或供人观赏、研究等的一种很有益处的文化娱乐活动。爱好收藏的人希望通过对某一类感兴趣物品的收集、收藏、鉴赏、研究、玩味、展示等方式，丰富休闲文化生活，得到美的体验，增长知识、开阔视野，加强感情交流，广交朋友。

第二，读书爱好。培根说："读书能使人充实，谈话能使人机敏，写作能使人精确。爱读历史的人聪慧；爱读诗歌的人灵秀；爱读数学的人精细；爱读自然哲学的人深沉；爱读伦理学的人庄重；爱读逻辑学和修辞学的人善辩。"古往今来，看无数英雄，凡成大器者必要读书，中国古代帝王中不少人都把读书视为治国之本、立国之基。如魏孝文帝"手不释卷"，唐文宗李昂把读书当作一件大事，宋太祖赵匡胤嗜书如命，宋太宗赵光义每天三卷书，康熙帝每天读书十多个小时。这些古代帝王在历史上都有浓墨重彩的一笔。

第三，抽烟爱好。烟能帮领导识人：嗜烟如命者多意志薄弱，或古道热肠；视烟如敌者多疾恶如仇，或偏激执拗；吸而能戒者多意志坚定，或冷静世故；吸而不多者多宽容随和，或圆滑机巧。又如，吸烟者多性格外向，不吸烟（戒烟除外）者则多内向。因为外向者多爱交际，爱交际者多爱聊天。聊天时，如果大家都吞云吐雾，又相互递烟，便气氛融洽，谈兴更浓。相反，如果大家都不抽烟，则久谈必有"枯坐"之感，难得尽兴。吸烟者多大度、豪爽，但也可能马虎；不吸者多拘谨、吝啬，但也可能严谨、沉稳。通过烟，还可以看出人与人关系的深浅。客客气气递烟，说明关系尚浅，还很"生分"，或说明二者之间有一定的鸿沟；相互抢着递烟，说明双方地位相等，或视为相等，且都愿发展友好关系；随随便便递烟，不计较是否“礼尚往来”，说明双方关系较深，已达到“无论怎样也没关系”的程度；伸手到对方口袋里掏烟，掏出来还要散给别人，那就简直是亲密无间、不分彼此的“铁哥们”了。

房间装饰，透视出一个人的性格

一提到房间，我们首先想到的就是卧室。卧室可能是整套房子中最私人的空间，你可以完全根据自己的喜好来进行卧室设计，不必去考虑别人的看法。而且从你的设计、装饰中，还能透视你的个人性格。

如何把这一有限的私人空间按照自己的想法进行充分装饰，使其达到最佳的效果？这往往取决于卧室主人的聪明才智。所以，要想把卧室装饰得恰到好处，就必须在每一件饰物的选择上下功夫。可以说，每一件小饰物都凝聚着主人的心思。因此，我们能够从卧室的装饰和摆设中，看出主人是一个什么样的人，个人的性格如何。

卧室是生活的中心，它的用途很多，既可以用来吃饭、睡觉，又可以用来娱乐。这类人多是性格比较外向的，他们希望自己能够对他人多些了解，同时也希望他人对自己多一些了解。他们乐于把自己的幸福和快乐与他人一起分享，同时又能分享他人的快乐，也能分担他人的痛苦。他们渴望能够拥有一个真正属于自己的私人空间，然后可以随心所欲地做一些自己喜欢做的事情。这类人十分善于自我调整，使其挫败感降到最低限度，让自己能够以最快的速度重新站起来，但他们的自信心不是特别强。

在现实生活中，几乎每一个人都有自己崇拜的偶像。有些人会在卧室里贴满偶像的海报，这样就可以和自己喜欢的偶像近距离接触了。这类人有一些不注重实际，常常会放弃一些唾手可得的东西，反而花大精力去追求那些遥不可及的东西。他们的性格多多少少又有些孤僻。正因为如此，他们常常贬低自己、抬高别人，经常觉得自己处处不如人，严重缺乏自信。

把房间只当作睡觉场所的人，他们的卧室能经常保持整洁、朴素，任何一件东西都有其特定的空间和固定不变的位置。他们的性格与卧室有着相似之处，决定了他们在为人处世方面具有一定的规律性，而且他们懂得控制自己的情绪，不允许自己的情绪波动大，因而不会轻易发怒。

有些人的卧室虽然装饰得美轮美奂，却缺少鲜明的个人特色。这说明这间卧室的主人过于拘泥于形式的羁绊，不能放开手脚，自由活动。他们往往否定自己，缺乏自信。

有些人喜欢在自己的卧室里摆放各式各样的玩具（女孩居多）及健身器材（男孩居多)。这类人大多性格比较外向，为人亲切热情，态度和善，还具有一定的同情心。

还有些人，在卧室里保留许许多多童年时代留下来的东西，如有纪念意义的物品，甚至是上学时得过的奖状等。这类人怀旧情节比较重，常常会因此陷入过去的某种情境中而无法自拔。他们像永远长不大的孩子，乐于接受父母、亲人、朋友的保护、约束及限制等。他们有较强的依赖心理，缺乏独立自主的冒险意识，乐于过目前这种逍遥自在、衣食无忧的日子。

从收藏物品看心理

收藏体现了人们对生活的追求，使人在心灵上得到很大的满足与快乐，收藏体现了人的心理特征，可借此透视其内心世界。

喜欢收藏老、旧电话簿的人，大多注重与人交往、重视友情，对友情无比忠诚，而且非常念旧情。

喜欢收藏纪念品的人，往往有比较强烈的执着追求理想的精神。为此，他们可以毫无怨言地经受各种严峻的挑战。但他们做事比较欠缺考虑，以至于到最后会出现一些不尽如人意的地方。

喜欢收藏旧器具的人，大多具有较强的宽容心和忍耐力，同时他们还具有令人赞赏的大公无私的精神。但有时候，他们也会伤害自己身边的亲人、朋友和同事，因为他们时常会为了其他不相干的人和事而忽略亲人、朋友和同事。

喜欢收藏旧收据的人，他们中的大多数人有较强的组织能力，说话办事有理有据，脚踏实地。为人小心谨慎，具有一定的冒险精神。但美中不足的是，他们会在一些可以忽略不计的小细节上浪费大量的时间和精力，这使他们成功的概率和速度受到严重的影响。

喜欢收藏婴儿鞋的人，有浓厚的亲情意识。他们非常爱自己的家人，也希望自己能够得到来自家人的爱。他们不善于接受新鲜事物，更不会轻易去寻求改变，缺少创新意识，给人留下严厉和固执的印象。他们对感情自始至终都不会改变，无论在什么情况下，只要他们认为有必要，有价值与之交往下去，就会一心一意地投入。

喜欢收藏旧书、旧报的人，一般来说，他们都有较强的文化底蕴，知识和学识都很渊博。但是，这类人有一个共性，就是比较清高孤傲，自命不凡。他们往往淡泊名利，从来不为攀附权贵而趋炎附势。

喜欢收藏旧情书的人，他们中大多有浪漫情调，并时刻寻找机会加以实现。不过，除此之外，他们很不坚强，对他人有很强的依赖心理，总是以自我为中心，经常希望自己成为被众人关心、帮助和爱护的对象。

喜欢收藏艺术品的人，大多有艺术家的气质，对生活的态度是积极和乐观的，而且他们具有极强的审美能力。

收藏世界纷繁复杂，只要你愿意，你的藏品可以是你想收集的任何形式的任何物品。

从细节，识谎言

为了某种需要，或者有难言之隐时，人们时常隐瞒自己真正的想法，而出现口是心非、表里不一的行为，这就是谎言。它是我们认识一个人的障碍。不过，只要我们时刻留心观察，同样可以瞬间识破谎言。

美国加利福尼亚大学心理学教授埃克曼在《鉴别说谎》一书中这样写道："破谎术是一门任何人都能学会的技巧。因为在撒谎期间，多数人不知不觉地泄露出大量的信息。判断真实与否，要密切注意说话者的面部、躯体、声音所发出的信号。说谎者通常是不能控制、支配、掩饰自己所有的行动的。"

那么，究竟何谓谎言呢？让我们从各方面来举例加以说明：

"啊！这个小女孩很漂亮哟！"——好难看的小姑娘。

"我经常来你们这买东西，难道就不能便宜一点吗？"——实际上是第一次上门而已。

"我发誓我非常爱你。"——其实，心里正在想着别的女人。

"今天晚上我值班，不能回家了，你自己吃饭吧。"——事实上是和朋友喝酒去了。

"你人很聪明，我相信，只要你肯努力，就一定会成功的。"——他已经愚蠢到不可救药的地步。

"你要是再哭的话，老虎就会把你吃掉。"——吓唬小孩。

"亲爱的！天地良心，我对你说的可都是肺腑之言，你若不信，我就立刻……"——鬼话连篇、口是心非。

"妈妈！我去同学家了，和他们一起复习功课。"——其实是跑出去和同学溜冰去了。

当然，有些谎言是善意的谎话，那是必需的，是为了勉励、安慰别人而一定要说的，比如对于癌症患者。

那么，我们怎样才能瞬间识破说谎者的谎言呢？为此，要掌握几种识别谎言的具体方法：一是留意说谎者的惯用伎俩；二是留意说谎者的惊讶表情；

三是注意说谎者的面部表情是不对称的；四是从反面识破对方；五是说谎者讲话中常发生口误和中断现象；六是以试探方法去识破对方；七是换位思考，站在对方的立场来分析对方；八是说谎者的音调会突然提高。

在一定程度上，认识对方内心的方法跟识破谎言者的方法有某种连带关系。所以，多多少少会有些重复的说法。为此，我们现在就针对“要如何去识破对方的谎话，迫使其说真话”来加以探究。

第一，使说谎者解除心中的“武装”。试图说谎和正在说谎的人，他们的心里一定会先武装起来，就像闭得紧紧的河蚌一样，你越急着把它打开，它反而闭得越紧。如果你暂时不去理会它，它就会解除心中的武装，一会儿自然就打开了。正所谓：“欲速则不达。”所以，这个时候，不要和他正面冲突，我们应该在对方有些动摇的时候，找出对方的弱点，运用循循善诱的方法使对方信赖你，让他有一种安全感。也就是说，我们要运用技巧，使对方因为你的影响而把实话完全吐露出来。

第二，使对方反反复复地做出同样的事。谎话只能说一次，如果经过两次、三次的重复，或多或少就会露出马脚。我们在日常生活中，常会发现一些有趣的现象。例如，同事打电话来说：“对不起，我家今天来客人了，不能去上班了，麻烦你帮我向领导请个假，谢谢！回头请你吃饭。”等过了几天以后，你可以不经意地问他：“前几天你为什么要请假呢？请假可是要扣全勤奖的哟！”这时，他可能会说：“没办法呀，我家宝宝得了急病！”由此，我们就很容易判断了，不是吗？

第三，要有效地利用证据。迫使说谎者说出实话，最有效的方法就是拿出有效的物证。它是识破谎言最好的方法，也是最有力的武器。不论对方多么巧舌如簧，只要我们有确凿的证据，他就不得不俯首承认。

上述方法，到底运用哪一种方法比较好呢？这要视对方的情况而定。有时不能只用一种方法，必须综合运用多种方法才能收到良好的效果。

手势语言，暗含着心理活动

手势是一个人内心世界的反映，通过手势语言，我们同样可以去识人。

下面是一些常见手势所暗含的心理活动：

第一，跷大拇指表示称赞。跷大拇指，更多的时候是表示称赞。毛泽东主席一生风趣幽默，妙语连珠。在红军转战陕北的艰苦岁月里，有一天深夜，部队进驻一乡村。由于人多村子小房子少，毛泽东和十几个同志同睡一个小窑洞。房东大嫂走上前，忐忑不安地说："这窑洞太小了，地方太小了，对不住首长了。"毛泽东随着大嫂的语调说："我的队伍太多了，人马太多了，对不住大嫂了。"毛泽东说着，又跷起大拇指说："顶好！顶好了！"毛主席话没说完，所有的人都大笑起来，房东大嫂的紧张自然也就消失了。在一些特定场合，用大拇指指人还有讥笑或贬低他人的作用。例如，某丈夫握着拳头却将大拇指指向妻子，侧身对其朋友说："你知道，女人嘛，都那样！"这很可能会引起夫妻间的一场口角。用大拇指斜着指人的动作，是会引起他人不满的，最好少用或不用。真诚地赞赏和称赞他人时，应该面带微笑，将手平伸出去，将大拇指上扬，才能表现态度谦虚乃至尊重。

第二，攥紧拳头说话有力量。在一般情况下，在庄重、严肃的场合宣誓时，必须右手握拳，并举至右侧齐眉高度。在演讲或说话时，捏紧拳头，则是向听众表示："我是有力量的。"但如果是在有矛盾的人面前攥紧拳头，则表示："我不会怕你，要不要尝尝我拳头的滋味？"在通常情况下，攥紧拳头显示的是一种果断、坚决、自信和力量。平时，我们听人演讲，见人讲话时攥紧拳头，证明这个人很自信，很有感召力。但在日常生活中，我们与人发生不愉快时，请把你的拳头藏起来，而不要攥起拳头在对方面前晃动。那样做的结果势必会引起一场打斗，是不可取的。

第三，双手叉腰是挑战。孩子与父母争吵、运动员对待自己的项目、拳击手在更衣室等待开战的锣声、两个吵红了眼的冤家……在上述情形中，经常看到的姿势是双手叉在腰间。这是表示抗议、进攻的一种常见举动。有些观察家把这种举动称之为“一切就绪”，但“挑战”才是最基本的实际含义。这种姿势还被认为是成功者所独有的站势，它可使人联想到那些雄心勃勃、不达目的誓不罢休的人。这些人在向自己的奋斗目标进发时，都爱采用这种姿势。含有挑战、奋勇向前趋势的男士们也常常在女士面前采用这种姿势，来表现他们男性的好战及男子汉形象。但女人如果用这一姿势，给人的感觉则是不温柔，有母夜叉、河东吼狮之嫌。在生活中，我们应该多些友爱和阳光。我们可以借助双手叉腰，向困难挑战，向远大目标挑战。但不可借此向同类挑战，以免增添剑拔弩张的气氛。

第四，手势上扬有号召力。手势上扬，代表赞同、满意或鼓舞、号召的意思，有时候也用来打招呼。朋友见面，远远地扬起手：“Hi!”“Hello!”演讲或说话时手势上扬，最能体现个人风格，表明演讲者或说话者是个性格开朗、豪放、不拘于形式的人。手势上扬是一种幅度比较大的手势动作，容易使人产生鲜明的视觉形象，引起人们对于形式美的富于社会内容的主观感受。有人描绘法国前总统戴高乐：“当他进行公开演讲时，他的习惯动作是两臂向上。其目的只是为了强调他的讲话……有时他举着双手，把自己直挺挺的上身从桌上伸出俯向听众，好像要把演说者的坚定信念注入听众的心坎上……”总之，手势上扬是个很受人欢迎的动作，从侧面反映出这个人是豪放、大度、有号召力的。

第五，手势下劈可制造语势。手势下劈，给人一种泰山压顶、不容置疑之势，使用这种手势的人，一般高高在上，高傲自负，喜欢以自我为中心，他的观点不容许人反驳。伴随着这个动作的意思是：“就这么办。”“这事情就这样决定了。”“不行，我不同意!”在日常生活中，我们常遇到一些领导，在讲话时，为了强调自己的观点，把手势往下劈。每当这个时候，听者最好不要轻易提出相悖的观点，对方一般也是不会轻易采纳的。平常与同事或朋友三五成群地争论问题，有人为了证明自己的观点而否定别人的观点，也常用这种手势否定别人的观点，打断别人的话。善于识别这种手势语言，有助于我们为人处世采取适当的姿态。

第六，双手平摊表示坦诚。当人们开始说心理话或说实话时，总是把手掌张开显示给对方。像大多数体态语言一样，这一举止有时是无意识的，有时是有意识的，它都使人感到或预感到对方将要讲真话。相反，小孩在撒谎或隐瞒真情时总是将其手掌藏在背后。当夜晚与伙伴们玩耍通宵方归的丈夫不愿对妻子说出他的去处时，常常将手插在衣兜里或两臂相抱将手掌藏起来，而妻子则可以从丈夫隐藏的手掌上感觉到丈夫在隐瞒实情。由此可见，当一个人与你交谈时不时伸出双手摊开，这说明他是诚实可靠的。有趣的是，大多数人发现摊开手掌时不仅不容易说谎，而且还有助于制止对方说谎并且鼓励对方坦诚相待。在生活中，我们不妨也经常将双手摊平，多给他人以坦诚。这样一来，你在任何人心目中的形象都一定是美好的。西方有心理学家断言："判断一个人是否坦率与真诚，最有效、最直观的方法就是观察其手掌姿势是否双手推开。"当人们愿意表示完全坦率或真诚时，就向人们摊开双手，说："没有什么值得隐瞒的，让我坦率地告诉你吧。"

第七，双臂合抱可以驱走说话的紧张。双手往胸前一抱，就构成一道阻挡威胁或不利情形的有力屏障。由此可见，当一个人神经紧张、极度消极和充满敌意时，就会很自然地把双手抱在胸前。双臂合抱的姿势常见于一个人在陌生人中，特别是在公开集会上或电梯里，以及任何一个使人感觉不自在和不安全的场合。在日常生活中，与人面对面交谈时，看到对方双臂紧抱胸前，你应推测自己肯定讲了让对方不同意的话。这时，尽管对方口头上还不停地表示赞同，但你如果不改变方式，仍坚持原来的论点继续讲下去，将毫无意义。人体语言媒介从不会"撒谎"，而一般的语言媒介都可能会撒谎。请记住，只要对方双臂合抱的姿势出现在你面前，对方的否定态度就不会消失。须知是你让对方采取了这种态度，最明智的做法就是努力改变自己的观点，让合抱的双臂松开，友好的情绪也就随之产生。

第八，十指交叉表明不安和消极。在人们面带微笑和愉快地谈话时，常常无意识地将十指交叉。常见的姿势是交叉着十指举在面前，面带微笑地看着对方。也有的交叉着十指平放在桌面上，这种动作常见于发言人。出现这个动作，发言正处于心平气和、娓娓叙谈的时候……乍一看，似乎上面这种表情都是表明很自信，但往往并非如此。有一次，一位推销员讲述了一个他推销失败的故事。随着他的讲述，人们发现他十指紧紧交叉，手指变得苍白无色，似乎要融化到一起。这一手势表明其受挫情绪或对某人有敌视态度。尼伦伯格和卡莱罗对十指交叉手势研究后得出结论：这是一种表示心里不安的手势，表明在掩饰其消极态度。一般来说，做出十指交叉手势时，手的位置的高低似乎与消极情绪的强弱有关。有的将十指交叉放在膝上，也有的站立时将十指交叉放在腹前。按交往的经验而言，高位十指交叉比中位十指交叉更显得莫测高深。正像所有表示消极情绪的姿势一样，要想让使用这个姿势的人打开紧紧交叉的十指，需要某种努力来完成。否则，对方的不安和消极是无法改变的。当我们演讲或日常生活中与人交谈时，如果遇到情绪消极的情况，做出十指交叉的手势，可以在心理上起到自我保护的作用，从而使谈话更少受到消极情绪的负面影响。

听其声，辨其人

古人讲，心动为性——“神”和“气”——性发成声。意思是讲，声音的产生依靠自然之气（空气），也与内在的“性”密不可分。声音又与说话者当下的心理活动密切相关，大小、轻重、缓急、长短、清浊都有变化，这与人本身的特性也是息息相关的。这就是闻声辨人的基础。

郑子产一次外出巡察，突然听到山那边传来妇女的悲恸哭声。随从们看着郑子产，等候着他的命令准备救助。不料，郑子产却命令他们立刻拘捕那名女子。随从不敢多言，遵令而行，逮捕了那位女子。当时，她正在丈夫新坟前面哀哭亡夫。人生有三大悲，即少年丧父、中年丧夫、老年丧子。由此可见，该女子是多么可怜。以郑子产的英明，不会对此妇动粗。其中缘由，是因为郑子产的闻声辨人之术也。郑子产解释说，那妇人的哭声没有哀恸之情，反蓄恐惧之意，故疑其中有诈。审问的结果，果然是妇女与人通奸，谋害亲夫之故。

郑子产闻声辨人的技巧已很高明。孔子也深谙此道，且似乎比郑子产还高出一筹。虽然孔子讲过“以貌取人，失之子羽；以言取人，失之宰予”，但他凭外貌声色取人的功夫，实在是有过人的天分。

孔子在返回齐国的途中，听到非常哀切的哭声。他对左右讲：“此哭哀则哀矣，然非哀者之哀也。”碰到那个哀哭的人之后，才知道他叫丘吾子。又问其痛哭的原因，丘吾子说：“我少年时喜欢学习，周游天下，竟不能为父母双亲送终，这是第一大过失；我为齐国臣子多年，齐君骄横奢侈，失天下人心，我多次劝谏不能成功，这是第二大过失；我生平交友无数，深情厚谊，不料后来都绝交了，这是第三大过失。我为人子不孝，为人臣不忠，为人友不诚，还有何颜立在世上？”说完，便投水而死。丘吾子的三悔痛哭，是今天社会中再难重现的古士高风，而孔子能听音辨人心事，亦非常人之资赋也，所以流传后世。

以上是由声音来辨别一个人的心事，还可由声音判断一个人的心胸、职业、志向等情况。心胸宽广、志向远大的人，声音有平和广远之志，而且声清气壮，有雄浑沉重之势。身短声雄的人，自然不可小视。从身材来看，身高的人，由于丹田距声带、共鸣腔远，气息冲击的距离加长，力量弱化，因而声音显得细弱，振荡轻；身矮的人，往往声气十足，因为距离短，气息冲击力大，声带与共鸣腔易于打开。但受过发声练习的人，又当别论。

人的声音各有不同：有的洪亮，有的沙哑；有的尖细，有的粗重。有的薄如金属之音，有的厚重如皮鼓之声，有的清脆如玉珠落盘，字正腔圆。有的身材矮小，声音却非常洪亮；有的高大魁梧，说话却细声细气，有气无力。古人正是对这些情况加以归纳总结，得出了以声辨人的规律。

现代生理学和物理学已经证明，声音的生理基础有肺、气管、喉头、声带、口腔、鼻腔等，声音发生的动力是肺，肺决定气流量的大小，音量的大小主要由喉头和声带构成的颤动体系统决定，音色主要取决于由口腔和鼻腔构成的共鸣器系统。声音是物体震动空气而形成的，声音是人的听觉器官——耳的感觉。声音的音量有大小之分，音色有美丑之别，另有音高、音长之分。

人类的声音，由于健康状况的不同、生存环境的不同、先天秉赋的不同、后天修养的不同而不同。没有经过发声练习的人，声音不圆润，沙哑，也不高亢洪亮，歌声如击败革，或者苍白无力。唱歌时所用的腹部之气，相当于丹田之气。用腹腰肌肉紧迫腹中气流，爆破式地冲击声带和共鸣腔，发出的声音就有洪亮悦耳的效果，但引领气息冲击共鸣腔是有诀窍和技巧的。

丹田的气充沛，因此声音沉雄厚重，韵致远响，这是肾水充沛的征象。由此可知其人身体健壮，能胜福贵。同时，丹田之气冲击声带而来的声音洪亮悦耳，柔致有情，甜润婉转，给人舒服浑厚的美感。

发于喉头、止于舌齿之间的根基浅薄的声音，给人虚弱衰颓之感，显得中气不足。这也是一个人精神不振，身体虚弱，自信心不足的表现。

以声音来判断人的心性才能，尚有许多未知的空白，而且可信度有多高，也尚无定论。但其中的奥妙是值得研究的，其基本原则并不只是悦耳动听、洪亮高亢。

《礼记·乐记》云：“凡音之起，由人心生也。人心之动，物使之然也。感于物而动，故形于声。声相应，故生变。”对于一种事物由感而生，必然表现在声音上。人的声音随着内心世界的变化而变化，所以说“心气之征，则声变是也”。

声音不但与气能结合，也和心情相呼应。因为声音会随内心变化而变化，所以，内心平静声音也就平和；内心清顺畅达时，就会有清亮和畅的声音；

内心渐趋兴盛之时，就有言语偏激之声。

这样一来，不就可以从一个人的声音判断一个人的内心世界了吗？有关这方面的知识，《逸周书·视听篇》讲到的四点值得研究：内心不诚实的人，说话支支吾吾，这是心虚的表现；内心诚信的人，说话声音清脆而且节奏分明，这是坦然的表现；内心卑鄙乖张的人，心怀鬼胎，因此声音阴阳怪气，非常刺耳；内心宽宏柔和的人，说话声音温柔和缓，如细水长流，不紧不慢。

现代心理学也认为，不同的声音会给人不同的感受，常见的有以下四种类型：

第一，音低而粗。这类人较有作为，较现实，或许也可以说是比较成熟潇洒，较有适应力。

第二，声音洪亮。这类人精力充沛，具有艺术家气质，有荣誉感，有情趣，热情。

第三，讲话的速度快。这类人朝气蓬勃，活力十足，性格外向。

第四，外带语尾音。这类人精神高昂，有点女性化，具有艺术家的气质。

以上这四种类型的声音，不论在交易上还是在说服上，都具有较为积极的作用。同样，也有产生负面作用的声音，如以下三种类型：

第一，鼻音。大部分人都不喜欢这种声音。

第二，语音平板。趋于男性化，比较沉默，内向冷漠。

第三，使人产生紧张压迫的声音。这类人很自傲，喜欢以武力解决事情。

当然，这也不能一概而论。什么声音好，往往与谈话的地点、对象、内容有直接的关系。

口头禅：性格的外衣

口头禅是人在日常生活中由于习惯而逐渐形成的，具有鲜明的个人特色。在生活中，绝大多数人都有使用口头禅的习惯。通过它，可以对一个人进行观察和了解。

口头禅是人们在面对意外或为突出当时的情绪所说出的话语，简洁明快。所以，几乎所有的人都有口头禅。在通常情况下，一个人有一个口头禅，但也有的人有好几个口头禅。这些语言习惯最能体现说话人的真实心理和个性特点。只要留心，就可以从一个人的口头禅中窥见一个人的内心世界。这就是俗话所说的“闻其言可知其人”的道理。因此，我们可以从某个人说话时所使用的词语来判断一个人的心理状态。

一般来说，经常连续使用“果然”的人，多自以为是，强调个人主张，以自我为中心的倾向比较强烈。经常使用“其实”的人，自我表现欲望强烈，希望能引起别人的注意。他们大多比较任性和倔强，并且多少还有点自负。

经常使用流行词汇的人，热衷于随大流，喜欢浮夸，缺少主见和独立性。

经常使用外来语言和外语的人，虚荣心强，爱卖弄和夸耀自己。

经常使用地方方言并且底气十足、理直气壮的人，自信心很强，有属于自己的独特个性。

经常使用“这个……”“那个……”“啊……”的人，说话办事都比较小心谨慎，一般情况下不会招惹是非，是个“好好先生”。

经常使用“最后怎么样怎么样”之类词汇的人，大多是潜在欲望未能得到满足的人。

经常使用“确实如此”的人，多浅薄无知，自己却浑然不觉，还常常自以为是。

经常使用“我……”之类词汇的人，不是软弱无能想得到他人的帮助，就是虚荣浮夸，寻找各种机会强调自己，以引起他人的注意。应该指出的是，经常把“我”字挂在嘴巴上的人，并非要把自己的观点强加于人，而只是比较天真的表现，企图强化自己的存在。与这样的人交往，一般来说是比较安全的。如果自己有这种习惯，就应该锻炼自己的个性，使自己很快成熟起来。

经常使用“真的”之类强调词汇的人，多缺乏自信，唯恐自己所言之事的可信度不高。可恰恰是这样，结果往往会起到欲盖弥彰的作用。

经常使用“你应该……”“你不能……”“你必须……”等命令式语句的人，多专制、固执、骄横，但对自己却充满自信，有强烈的领导欲望。

经常使用“我个人的想法是……”“是不是……”“能不能……”之类语句的人，一般较和蔼亲切，待人接物时，也能做到客观理智，冷静地思考，认真地分析，然后做出正确的判断和决定。不独断专行，能够给予他人足够的尊重，反过来也会得到他人的尊重和爱戴。

经常使用“我要……”“我想……”“我不知道……”之类语句的人，多思想比较单纯，爱意气用事，情绪不是特别稳定，有点让人捉摸不定。

经常使用“绝对”这个词语的人，武断的性格显而易见。他们不是太缺乏自知之明，就是自知之明太强烈了。心理学研究表明，这种人往往比较主观，而且常常以自我为中心。他们的很多想法是不合乎实际情况的，在一般情况下是难以成就大事的。这种喜欢说“绝对”的人，大多有一种自爱的倾向。有时，他们的“绝对”被人驳倒之后，为了隐瞒内心的不安，总要找一些理由来加以解释，总想让自己的东西被人接受。其实，别人不相信他们的“绝对”，他们自己也不相信这样的“绝对”。只不过是为了维护自己的所谓尊严而强撑着。

经常使用“我早就知道了”的人，有表现自己的强烈欲望，只能自己是主角，自己发挥。但对他人却缺少耐心，很难做一个合格的听众。

常说“所以说”的人，最大的特点是喜欢以聪明者自居，自以为是。他们认为自己所说的话具有绝对的权威性，并有鄙视他人的心理。说话完全不顾及对方的心情，对方常会因为他们这种随意践踏他人的态度而受到伤害。但是，如果多了解他们一些，你就知道其实要和这类人相处并不困难。他们非常希望得到他人的认同，渴望自己在他人心目中的形象是“见识广博，什么都懂”。所以，如果想和他们友好相处，只要在这一点上多忍耐担待一些就行了。

嘴边常挂着“对啊”的人会算计。他们不是属于自我意识强烈的类型，个性表现上也不强烈，更不会勉强别人照着自己的步调走。他们比较能体会别人的心情，不会硬要别人凡事都必须顺着自己的意思来做。实际上，他们并非发自内心地认为别人说的话都是正确的。他们之所以常常将“对啊”这句话挂在嘴边，是因为这样比较容易和别人相处融洽，使自己的人际关系更加圆融、顺利而已。一般而言，这类人认为，在允许的范围之内，一些无伤大雅、不影响大局的小事可以尽可能地去配合他人的步调，无须事事斤斤计较而引起不必要的摩擦。这样做，不仅可以营造和谐的气氛，而且自己也会成为受欢迎的人物。比起老是用对他人品头论足、愤世嫉俗的态度与人相处，这种做法可是简单快乐多了。

另外，经常将口头禅挂在嘴边的人，大多办事不干练，缺乏坚强的意志。有些人说话时没有口头禅，并不代表他们从未有过。可能以前有，但后来逐渐改掉了。这显示出一个人意志力的坚强和对说话简洁、流畅的追求。

若想通过口头禅更好地观察、了解和判断一个人的性格如何，需要在生活和与人交往中仔细、认真地揣摩、分析。只有这样，才会收到良好的效果。

读懂女人，要从体态开始

女人的体态语言不仅使一些羞于启齿的信息自然地流露出来，而且使女人看起来更动人。如果能适时有效地读懂女性的体态语言，就很容易深切地了解女人、看透女人。

线条和色彩是人类在有声语言之外最具表现力的性格语言。女人的体态语言就是一串线条符号，这些部位不同的动作会表现出相应的意义。

第一，从头部看女人。

习惯头部上扬的女人通常自视甚高，傲慢而唯我。或许是因为她们的条件一般都不错，追求她们的男人又较多，所以她们对男人的要求甚高，却很少能够真正体谅男人的苦心。

习惯头部低俯的女人通常内向而温柔，虽然有时显得缺乏激情，但能细心体贴关照男人。

习惯头部侧偏的女人通常充满好奇心，但偏于固执。她们最容易与男人一见钟情，却没有相伴一生的忍耐力。

第二，从手和手臂看女人。

握手是男人接触陌生女子身体的唯一机会，女人也乐意抓住这次难得的机会传达她的信息。手心干爽的女人性格开朗，也可能表示对此次晤面没有特殊的兴趣。手心潮湿的女人性情较内向，也可能表明她的内心很紧张或很恐惧。要找到两者之间的差别，就需看她的眼睛是躲闪还是微闭。

握手时手心朝上的女人多是柔顺易于相处的，手心朝下的女人多是争强好胜不肯服人的一类。而只伸出手指的女人多精于世故、吝啬贪婪，同时还传达出一种蔑视的意思。

女人双臂的体态语言一般是通过交叉双臂来实现的。标准的交叉双臂姿势没有特别的含义，不过是女性一种本能的自我保护。但如果长时间维持这个姿势，就表明消极的态度。用双手握住双臂的姿势表明紧张和不知所措。

单臂交叉的姿势是女人在缺乏自信或身处陌生环境下使用的体态语言，

意味着她需要帮助。掩饰的双臂交叉是常在公众场合露面的女人的传统姿势，这种女人多数虚伪而且老练。

第三，从胸部看女人。

喜欢挺胸的女人肯定充满自信，心中很少有传统的女卑观念，是现代新女性的代表，也表明她们的心态健康而积极。

喜欢含胸的女人肯定不那么自信，或者天性羞涩。她们的人生观相对消极，多愁善感，渴望爱情又缺少勇气，只会默默地等待。

第四，从腰部看女人。

对于腰部这一无声的性格语言，女人相对男性来说，要微妙得多。女人的腰，是除了女人的臀部和胸部以外的性感符号，它常常是以无声的线条来表示意义的。女人的腰就是一个线条符号。

一是弯腰。众所周知，见人即弯腰行礼是日本女人的见面语言。弯腰所形成的曲线是柔美的、温顺的、流畅的，从而形成一种光滑的外表。这种女人给人一种柔美的感觉。

二是叉腰。把两手叉在自己的腰上，这种形象就像两只母鸡斗架的形象。这是女性一种双向的对外扩张，表示出内心的愤怒和力量。这种形体语言，一般女人不采用。但鲁迅笔下的“豆腐西施”杨二嫂却经常使用，让鲁迅看了吓一大跳。

三是仰腰。仰腰是女人的“无防备信号”。如果女人坐在沙发里，用仰腰的姿势对着异性，一般情况有两种。第一种，对于眼前的这个男人绝对信任、绝对尊重，她觉得他不会给她带来伤害。第二种，属于妓女的一种招数，她告诉眼前的男人：“请跟我来。”

四是扭腰。扭腰使腰呈现S形，这是性的象征。凡是女人扭腰或者扭动臀部，都蕴含了招惹异性的信号。这种形体语言，在服务小姐的身上，在女模特的身上，你会经常看到。

五是抚腰。俗话说：“没人爱，自己爱。”女人常常在没有男人抚摸时就自我抚摸。这种自我抚摸是一种“自我安慰”的行为，同时也是一种“自我亲切”的暗示。

第五，从臀部看女人。

走路时左右臀上下摆动的女人往往热情而不拘小节，好幻想，不喜欢户外运动。走路时左右臀几乎不摆的女人现实而富于功利心，她们像喜欢运动那样喜欢恋爱，目的似乎只为了自己。臀部安静时自然上翘的女人多数热情开朗，喜爱交际又敢爱敢恨。安静时臀部下垂的女人多数性情温顺，对爱情专一而且执着。

从细微之处，揣摩心理

认识一个人，主要是认识这个人的内心，而内心是看不见的。所以，我们就要抓住他所表现出来的外在的东西，来勘破他的内在活动。这就是看透对方心理的艺术。

看透对方心理的艺术，是心理学的研究目标之一。但是，这种艺术不能只靠理论来解决——因为人不是傀儡，不会按照他人所预定的计划去行动，必须配合实际生活中人与人之间微妙的关系来进行。

通过察言观色来揣摩对方的行为，你可以仔细观察对方的举止言谈，捕捉其内心活动的蛛丝马迹；也可以揣摩对方的状态神情，探索引发这类行为的心理因素。

楚国有一个人涉嫌犯罪，虽然宰相调查了三年，可一直不能判他的罪。他很想知道宰相的心思，但身为嫌疑犯，他又不好直接去问宰相。他忐忑不安，心想："我到底有没有罪呢？如果我有罪，我的房产一定会被没收。为什么宰相一直没有采取行动呢？"他想了很久，最后终于想到了一个办法去试探宰相的心意。

他拜托一位跟宰相很有交情的人去办这事。那个人见了宰相，脱口就说："那嫌疑犯的房子能不能让给我住呢？"他想，如果宰相答应了，就表示这个人有罪。但是，宰相摇摇头说："不！这个人没有罪，这幢房子不能让给你。"当那个人要离开的时候，宰相暗叫一声："糟了！"心想，肯定是那个人让他来试探虚实的。宰相连忙问自己的朋友，是不是受人之托来摸底的。那个人佯装不知情，推说没有。宰相一心盯着那个可能犯罪的人，却没能避免消息的泄露。

通过一个人的气质、个性、品格、学识、修养、阅历、生活，以及情绪活动特征，可以看出一个人内心深处的潜意识举动。就像柯南·道尔笔下的福尔摩斯侦探，会注意对方为人所疏忽的"特征"。例如，从对方的右手中指上有老茧，指头上沾有墨水，衣服的肘部磨得油光，可推测该人从事案头工作。又如，看对方的背影，右肩下垂而且身上发出消毒药水的臭味，则揣测是牙医……有经验的推销员或店员通常是鉴别初次见面者身份的天才。

在历史上，就有这样的例子。

齐桓公上朝与管仲商讨伐卫的事，退朝后回到后宫。卫姬一望见国君，立刻走下堂一再跪拜，替卫君请罪。桓公问她什么缘故，她说："妾看见君王进来时，步伐高迈，神气豪强，有讨伐他国的心志。看见妾后，脸色改变，一定是要讨伐卫国。"

第二天，桓公上朝，谦让地引进管仲。管仲说："君王取消伐卫的计划了吗?"桓公说："仲公怎么知道的?"管仲说："君王上朝时，态度谦让，语气缓慢，看见微臣时面露惭愧，微臣因此知道。"

齐桓公与管仲商讨伐莒，计划尚未发布却已举国皆知。桓公觉得奇怪，就问管仲。管仲说："国内必定有圣人。"桓公叹息说："白天来王宫的役夫中，有位拿着木杵而向上看的，想必就是此人。"于是，命令役夫再回来做工，而且不可找人顶替。

不久，拿木杵的人被找来。管仲说："是你说我国要伐莒的吗?"他回答："是的。"管仲说："我不曾说到要伐莒，你为什么说我国要伐莒呢?"他回答："君子善于策谋，小人善于臆测，所以小民私自猜测。我看君王和你站高台之上，君王精神饱满，举止兴奋，这是准备打仗的表现，他手指的方向又是莒国的位置，不服的只有莒国了，所以这么想。"

潜藏在人内心的冲动、欲望、想法，都会通过言行表露出来。所以，要了解对方的意图，可借观察言行来读懂他的心思。这是一种比较准确的识人方法。

说对话，才能办成事

第五章

说话要讲天时、地利、人和

说话有三种限制：一是人，二是时，三是地。非其人不必说；非其时，虽得其人，也不必说；得其人，得其时，而非其地，仍不必说。非其人，你说三分真话，已是太多；得其人，而非其时，你说三分话，正给他一个暗示，看看他的反应；得其人，得其时，而非其地，你说三分话，正可以引起他的注意，如有必要，不妨择地另作长谈，这才是通达世故之人。

说话三条件：其人其时其地

要说话，先要看准对象，他是愿意和你说话的人吗？如果所遇非人，还是不说为好。这个时候，是你要说话的时候吗？如果时候不对，还是不说话的好。这个地方，是你说话的地点吗？说话的成功与失败，诚然与你的说话技术有关，但要得其人、得其时、得其地。

当年，赵高要陷害李斯，对李斯说秦二世的行为不端，劝李斯进谏，并约定趁秦二世有闲时，代为通知李斯。有一天，李斯应约进宫。秦二世正与姬妾取乐，看见李斯进来，心中很不高兴，而李斯却茫然无所知，秦二世只好当场敷衍一下。等李斯一退出，秦二世开始发牢骚，说丞相瞧不起他，什么时候不好说，偏在这个时候来啰唆！李斯的杀身之祸也就因此而起。

如果你要与对方说话，应该注意什么时候最适宜。对方正在紧张工作的时候，不要去说话；对方正在焦急的时候，不要去说话；对方正在盛怒的时候，不要去说话；对方正在放浪形骸的时候，也不要去说话；对方正在悲伤的时候，更不要去说话。只要有上述几种情形之一，你去说话，大多会碰一鼻子灰，不但说话的目的达不到，而且很可能遭冷遇、受申斥。

有得意的事，就该与得意的人交谈。与失意的人谈得意的事，不但不知趣，简直是挖苦、讥讽他。他对你的感情只会更坏，不会变好的。和得意的人谈你失意的事，他至多与你做表面的应付，绝不会表示真实的同情。有时，还可能引起误会，以为你是要请他帮助，他会预先防备，使你无法久谈。所以，你要诉苦，应找相同情形的人去诉，同命自会相怜，不但能得到精神上的安慰，亦可消去胸中不平之气。你要谈得意事，应该向得意的人去谈，志同道合。年轻人涵养功夫不够，稍有得意的事，便逢人就说且自鸣得意。结果，招人骂你器小易盈，笑你沾沾自喜，无意中还会惹起别人的妒忌。偶有不如意事，你便满腹牢骚，如有骨鲠在喉，不免逢人就诉。结果，惹人讨厌，说你毫无耐性，甚至笑你活该。

彼此关系浅薄，你与之深谈，显出你没有修养；你说的话涉及对方的事，你不是他的诤友，不配与他深谈，忠言逆耳，显出你的冒昧；你说的话是属于国家大事，你没有搞清对方的立场就高谈阔论，这样更容易招灾惹祸。

同样一句话，你对甲说，甲肯全神贯注地听；你对乙说，乙却顾左右而言他。这时候对甲说，甲乐于接受。那个时候对甲说，甲可能不耐烦。这除了表示甲乙两个人的生活环境不同，也表示甲前后的心情不一样。

由此可见，说话也是一门艺术。话说好了万事好，话说坏了毁前程。所以，在说话前必须考虑清楚，想好了再说。否则，别人会认为你是个有口无脑、缺心少肺之人。

说话看脸色，也要讲时机

《荀子》所云："凡事行，有益于理者立之，无益于理者废之，夫是之谓中事。凡知说，有益于理者为之，无益于理者舍之，夫是之谓中说。事行失中谓之奸事，知说失中谓之奸道。"

荀子所说的"中事""中说"，决非折中之事、调和之说。这里的"中"应解释为合宜，合乎一定的标准。"中事""中说"即合理之事、合宜之说。

范雎逃离魏国，来到秦国，由于结识王稽见到了秦昭王。秦昭王知道他贤明，便屏退身边的人，单独与他秘密商谈国家大事，对他说："有幸请得先生教导我。"范雎只唯唯诺诺而已，不说一句话。秦昭王再请他谈话，还是如此，一连三次都是如此。到第四次，范雎只凭空大放厥词。到第五次，才着上边际。第六次，畅谈外事仍不涉及于内事。等到拜他为客卿，采用他的话有几年了，自己有充分把握了，才痛陈内事。于是，废除太后，逐穰侯，出高陵，走泾阳于关外。

范雎之所以这样，是因为当时的秦国，内有太后专横，外有穰侯跋扈，再有高陵、华阳、泾阳君为虎作伥，最初不敢与秦昭王深谈，只能逐步地谈，一边等待时机，避免说话达不到目的，反而招祸。

《淮南子·道应训》有云："事者应变而动，变生于时，故知时者无常行。"说话要注重时机，这个过程需要充分的耐心。战国时安陵君的过人之处，便在于他有充分的耐心，等待楚王欢欣而又伤感的那个时刻，及时地动情表白，从而感人肺腑，愉悦君心，保住了长久的荣华富贵。

安陵君很受楚王的器重和宠信。他有一位朋友名叫江乙，对他说："您没有一寸土地，又没有至亲骨肉，然而身居高位，享受优厚的俸禄，国人见了您，无不整衣跪拜，无不接受您的号令，为您效劳，这是为什么呢？"

安陵君说："这是大王太抬举我了，不然哪能这样！"

江乙便不无忧虑地指出："用钱财相交的人，钱财一旦用尽，交情也就断了；靠美色相交的人，色衰则情移。因此，狐媚的女子不等卧席磨破，就遭遗弃；得宠的臣子不等车子坐坏，已被驱逐。如今，您掌握楚国大权，却没有办法和大王深交，我暗自替您着急，觉得您的处境太危险了。”

安陵君听后，恍然大悟，毕恭毕敬地问江乙：“恳望先生指点迷津。”

江乙说：“希望您一定要找个机会，对大王说‘愿随大王一起死，以身为大王殉葬’这样的话。如果您这样做了，必能长久地保住权位。”

安陵君说：“谨依先生之言。”

但是，过了很长时间，安陵君依然没有对楚王提起这话。

江乙又去见安陵君说：“我对您说的那些话，您为何至今不对楚王说呢？既然您不用我的计谋，我就再不管了。”

安陵君急忙回答：“我怎敢忘却先生的教诲，只是一时还没有合适的机会。”

机会终于来了。有一次，楚王去打猎，一箭射死了一头狂怒奔来的野牛。百官和护卫欢声雷动，齐声称赞。楚王也高兴得仰天大笑：“痛快啊！今天的游猎，寡人何等快活！待寡人万岁千秋之后，你们谁能和我共有今天的快乐呢？”

此时，安陵君抓住机会，泪流满面地走上前来说：“臣进宫与大王同坐一席，出宫与大王同乘一车，大王如此厚爱臣下，大王万岁千秋之后，我愿随大王奔赴黄泉，变作芦草为大王阻挡蝼蚁，那便是臣最大的荣幸。”楚王闻言，大受感动，随即正式设坛封地，对他更加宠信了。

俗话说：“话不投机半句多。”总的说来，说话不外乎是看准对方的目的，投其所好，再加上掌握时机的变化，以及细小方面的具体事项。这全靠每个人在实践中去领会、去发挥。下面这个服务案例就是因为没有把握住时机，导致双方都处于一种尴尬的境地。

某宾馆服务员小罗第一天上班，被分配在酒店 A 楼 5 层做台班。由于刚经过 3 个月的岗前培训，她对工作充满信心，自我感觉良好，一上午的接待工作也还算顺手。

午后，电梯门打开，走出两位来自香港的客人。小罗立刻迎上前去，微笑着说：“你好！先生。”看过客人的住宿证后，小罗一边接过他们的行李，一边说：“欢迎入住本饭店，请跟我来。”小罗领他们走进房间后，随手为他们倒了两杯茶，说：“先生请用茶。”

接着，她开始一一介绍客房设备。这时，一位客人说：“知道了。”但是，小罗没有什么反应，仍然继续介绍着。还没说完，另一位客人在自己的钱包里拿出一张百元人民币，不耐烦地递给小罗。

“不好意思，我们不收小费的。”小罗嘴上说着，心里却想，自己是一片好意，怎么会被误解了。这使小罗十分委屈，她说了一声：“对不起，如果您有事，就叫我，我先告退。”

其实，做服务行业的人要有眼力，说话要讲时机。在这个案例中，两名客人也许刚下飞机很累，需要休息，不想听小罗的介绍。或者，他们是该酒店的长住客，房间设施都十分熟悉，不需要再做细心的解释。总之，小罗不会识客，从而说话不讲时机。她应该提供一些有针对性的服务，才能收到好的效果。

好话要及时说出来

有时，一两句赞美话并不是要从对方那里得到些什么回报，它只是一种自然的流露，却需要说出口，让别人去了解。因为你在世间不能成为一个孤独的行者，你需要他人的陪伴。

生活中，我们常常顾忌得太多，想法很好，却没有执行。我们总想夸别人几句以表达自己的敬意，却碍于情面或担心别人有想法而只好作罢。这样的例子太多了——下属工作出色，你对他的表现很满意，真想好好地表扬他一番。可是，你怕他听了“翘尾巴”，怕从此失去应有的威严，于是你克制住自己，只是按部就班地向他布置下一个任务……

上司确实有魄力，处理问题正确果断，而且作风正派，身先士卒，你很想在共同享用工作餐时把大家对他的好评，包括你的肯定，直接告诉他。但是，你怕这会被他视为别有用心，怕别的同事说你在“拍马屁”，更怕这样做会丧失自我尊严。于是，你将话咽了回去……

在楼门口遇上了邻居全家，老少三辈，全体出动，是去附近的小饭馆聚餐。看到他们那和谐喜悦的情形，你想跟他们说几句祝福的话。可是，你想到人家平时并没有对自己说过什么吉利话，又觉得此时此刻人家也许并不会珍视你的友好表示。于是，你只是侧身让他们一家走过，然后远远地望着他们的后背……

在商场购物，你遇上一位服务态度确实非常好的售货员。当她将你购买的商品装进漂亮的塑料袋，亲切地递到你手中时，你本想说一声“谢谢”，并加上几句鼓励的话。可是，到头来你还是没说，因为你想着“我是‘上帝’，她本应如此，况且总会有别的顾客表扬她”……

在研讨会上，遇上你长期的对手，你们的观点总是针尖对麦芒般互斥。然而，这回他的发言，尽管你仍然不能苟同他的论述，可他那认真探索的精神，自成逻辑的推演，抑扬顿挫、流畅自如的宣讲，实在令你不能不佩服他的功力。在会议休息饮茶时，你真想走过去对他说：“虽然我不能同意你的观点，可我的的确确愿意为了维护你的表达权而做出最大的努力……”你都走到他跟前了，却又忽然觉得说这种话会招来误会，而且，你觉得这也不是什么新鲜的话语。于是，你开了口，没说出这样的话，却吐出了几句咄咄逼人“语带双关”的酸话……

其实，把好话说出来很简单，就是有好多人不爱说。适时地赞美别人，就是对他人的一种肯定、对他人价值的体现。比如说，你是男人，你对你的女同事或爱人说：“你今天真漂亮。”她的心情可能会灿烂一天。你对母亲说：“妈妈，你真漂亮。”他的妈妈看上去要比她的同龄人年轻。你回家看到妻子在厨房忙碌，你上前去说：“亲爱的，辛苦你了，没你我不知该怎么活了，这个家没你不知会多么脏乱呀。”你妻子就是再累，她也会心甘情愿地幸福地给你做这一切。有魅力的领导都会适时地对他的女下属进行赞美，说她们漂亮、干练、温柔。

所以，我们不要吝啬埋在心里的动听的语言，让好话从我们口里快乐地流出来，流到我们的周围。我们就会发现，由此能获得别人的芳心。赞美别人，你自己也会得到快乐。

交谈插话，也要讲时机

许多人过分相信自己的理解和判断能力，往往不等别人把话问完，就中途插嘴，因而常发生错误。这种急躁的态度，很容易造成损失，不只弄错了问话意图，中途打断对方，也有失礼貌。

当然，在别人说话时一言不发也不好。对方说到关键时刻，说完后，你只看着对方，而不说话，对方会感到很尴尬，他会以为没有说清楚而继续说下去。

有些人在别人说话时唯唯诺诺，仿佛都听进去了，等到别人说完，却又问道："很抱歉，你刚才说些什么？"对他来说，也许只是一时心不在焉。但对说话的人来说，这却是一件很失礼的事。

倾听对方说话的神情也很重要。听别人说话时，眼睛却望着地下，或嘴巴微张，呆呆地听，甚至重复发问好几次，都会给人留下不好的印象。

俗话说："听人讲话，务必有始有终。"但是，能做到这一点的人却不多。有些人往往因为疑惑对方所讲的内容，便脱口而出："这话不太好吧！"或因不满意对方的意见，而提出自己的见解。甚至当对方有些停顿时，抢着说："你要说的是不是这样……"由于你的插话，很可能打断了他的思路。要讲些什么，他反而忘了。

中间打断对方的话题是没有礼貌的行为，有时会产生不必要的误会，说不定对方会想："那么，你来讲好了。"

一个精明而有教养的人与人交谈，即使对方长篇大论地说个不休，也绝不会插嘴。这说明，打断他人的言谈，不仅是不礼貌的事，而且什么事情也不易谈成。

人们常会轻率地问："刚才这个问题的意思，能解释一下吗？"或者，不经大脑就说："我不太了解刚才这个问题的意思。"这些话都不算得体。你不妨这样表示："据我听到的，你的意思是不是这样呢？"

即使你真的没听懂，或听漏了一两句，也千万别在对方说话途中突然提出问题。必须等到他把话说完，再提出："很抱歉！刚才中间有一两句你说的是……吗?"如果你是在对方谈话中间打断，问："等等，你刚才这句话能不能再重复一遍?"这样一来，就会使对方有一种受到命令或指示的感觉。

在宴会、生日舞会上，我们时常可以看到朋友正给另外一些人留下不好的印象。别人正在兴高采烈地谈话，有的人却非常突兀地自动加入进来。这样做，显然是不妥当的。你不知道他们的话题是什么，而且你突然加入，可能会令他们觉得不自然。也许，就会因此导致话题接不下去，到后来场面气氛转为尴尬，甚至无法收拾。此时，大家一定会觉得你很没礼貌。

如果碰到这种情况，你最好等他们说完再过去。如果其中有你的朋友，而且你确实有事，必须当时告诉他，就应给他一些小动作的暗示，他就会找机会和你讲。

但有一点要注意，不要静悄悄地站在他们身旁，好像在偷听一样。你尽可能找个适当的机会，礼貌地说："对不起，我可以加入你们吗?"或者，大方地、客气地打招呼，或请你的朋友介绍一下，就能很自然打破这种尴尬局面。谨记，千万不要打断别人的话题，也不要制造尴尬的气氛。

谈判插话，要找准契机

谈判无非就是“说”与“听”。光“说”不“听”或光“听”不“说”，都是不恰当的谈判方式。倘若对方说个不停，你就有必要让他知道你也有说话的权利。

谈判中，尽量不要打断对方的话。这是对对方的一种礼貌和尊重。但是，谈判中不要打断对方的话，并不意味着始终保持沉默。倾听中适当地插话也是必要的。因为不时的语言反馈，能够表明你一直在积极地听。同时，对方也可以在你的语言反馈中得到肯定、否定或引导，这对于谈判的顺利进行是有利的。

适当地在谈判中插话，关键在于适当。一般来说，下面这几种情况是插话的契机：

第一，当对方说话稍有停顿时，你可以插话要求补充说明。如：

“请再说下去。”

“还有其他情况吗？”

“后来怎么样了？”

像这类语言，可以使对方谈兴更浓，把更多的想法和情况告诉你。

第二，当对方说话间借喝茶、点烟思考问题或整理思路时，你可以插话提示对方。如：

“这是第二点意见，那么第三点呢？”

“上述问题我明白了，请谈下一个吧。”

这类插话承上启下，给对方以启示和引导。

第三，在对方谈话间歇的瞬间，给予简单的肯定的回答。如：

“是的。”

“我理解。”

“很对。”

“我明白。”

这种插话可以表示对对方谈话的赞成、认同、理解，使谈判气氛更加融洽和活跃。谈判中的插话，还可以使用“重复”和“概述”两种方法。

“重复”具有促使对方讲下去、明确含义、强调话题的作用。比如，当谈判对手谈及一个新的问题时，为了明确含义或者为了突出其重要性，我们可以这样重复：

“您的意思是不是……”

“我想您大概想讲……”

“您认为这很重要吗?”

“重复”使用的及时和恰当，往往能使谈判避免停顿和中断，可以收到很好的效果。

在与条理性不清和组织句子能力较差的人谈判时，应该抓住机会对他的言语进行一定的整理，以防其杂乱无章地“开无轨电车”。这里，比较有效的整理方法就是概述。

概述应紧扣主题，突出几点，理出头绪，去掉与主题无关的废话，保证谈判的顺利进行。比如，我们可以这样说：“听您所说，大致有这样几个问题……”然后罗列出几个要点，使问题显得清晰。

表示概述的语言很多：

“您刚才说……”

“用您的话讲，这就是……”

“总而言之，您认为不外乎……”

这样的概述还给人以礼貌的感觉。谈判者往往喜欢别人理解自己的意思，如果你表达出他想说而没能说清楚的话，就很容易赢得他的好感，而这对谈判是有好处的。

但是，谈判中要注意，插话关键是“插”得适时。如果无休止地打断对方的讲话，同时频频改变话题，那么，会使对方感到谈判无法进行下去。

例如，下面的谈判：

“请看，我厂最近生产的连衣裙款式新颖，花色美观大方……”

“说到美观大方，我立即想起我们公司服装厂生产的百褶裙，那真是……”

“这种连衣裙在国内是首创，一上市马上被抢购一空！真是难得的畅销货……”

“要说畅销货，在我市百褶裙真是想象不到的畅销，年轻姑娘，中年妇女，甚至老年妇女也都喜欢穿，真是……”

如此打断对方的讲话，会造成谈判中断停止。为了使谈判顺利进行，一定要及时回答对方的问话，同时不失时机地同对方展开讨论。但是，说话必须掌握分寸，适可而止。如果你口若悬河，滔滔不绝，唠叨个没完，丝毫不给对方插话的机会，就有可能会把自己不应被对方知道的意图暴露出来。同时，对方也会对你产生厌倦情绪。

不同的场合，不同的话

同样说话的内容，由于场合的不同，说话的方式也应不同。只有依据不同的场合，选取最恰当的词语，才能准确地表达自己的思想感情。也只有这样，才能把话说得左右逢源，滴水不漏。

让我们读一则英国女王的故事：

英国女王维多利亚与其丈夫阿尔伯特相亲相爱，感情和谐。妻子是一国之君，整天忙于公务和应酬，而丈夫却不太关心政治，对社交缺乏兴趣。有一天，女王忙完公事，已经深夜了。她回到卧室，见房门紧闭，就敲起门来。

问："谁?"

答："我是女王。"门未开，再敲。

问："谁?"

答："维多利亚。"门未开，再敲。

问："谁?"

答："你的妻子。"门开了，维多利亚走了进去。

女王回到家里，场合改变了，她就不再是女王，而是一位妻子。在宫廷上对着王公贵族说话是一种情形，回家说话应该是另一种情形。

由此可见，说话要区分场合。同样的内容，在这一场合可能是好话，但在另一场合却可能是不堪入耳的坏话。

有一个笑话，一个叫刘大的人，过50岁大寿，他想请几个朋友来热闹热闹。生日那天，刘大特地邀请好友张三、李四、王五和赵六来家聚餐。几位朋友都来了，就剩赵六还没有来。酒席已经摆好，大家坐着等赵六。等了好一会儿，总不见赵六来。刘大心里很着急，脱口说出："唉！该来的不来。"话一出口，张三多了心思，他想：既然赵六是该来的没有来，那我就是不该来的了！于是，起身就走了。刘大看到张三走了，连忙说："喂！不该走的又走什么?"李四一听，心想：张三是不该走的，看来我是该走的了。于是，他也起身便走。刘大见李四走了，两手一摊对王五说："我又不是讲他俩该走。"

王五一听，心想：只剩下我一个了，一定是讲我该走了。谁希罕你这餐饭，请我来，又赶我走，真不够朋友。于是，王五也气愤地走了。

刘大这下傻眼了，大声地在后面说："你们怎么都走了？"

刘大的生日没热闹成，反而得罪了朋友。最后，他还不明白是怎么得罪的呢！

有的人口齿伶俐，在交际场合口若悬河，滔滔不绝，这固然是不少人所向往的。但如果说话不分场合，说错了话，说漏了嘴，把事情搞糟，那是最不合算的事。所以，说话要看场合。具体说来，要注意以下几种场合的区分：

第一，自己人场合和外人场合。我国文化传统一向是重视内外有别的。对自己人"关起门来谈话"，可以无话不谈，甚至可以说些放肆的话，什么事都好办。而对外边的人，总怀有戒心，"逢人只说三分话，未可全抛一片心"。

第二，正式场合与非正式场合。正式场合说话应严肃认真，事先要有所准备，不能乱扯一气。在非正式场合下，便可随便一些，像聊家常一样，便于感情交流，谈深谈透。有些人说话文绉绉，有人讲话俗不可耐，就是没有把握正式场合与非正式场合的界限。

第三，庄重场合与随便场合。"我特地来看你"，显得很庄重；"我顺便来看你"，有点随随便便看你的意思，可以减轻对方的负担。可是，在庄重的场合说"我顺便来看你"，就显得不够认真、严肃，会给听话者蒙上一层阴影。在日常生活中，明明是"顺便来看你来了"，偏偏说成是"特地看你来了"，有些小题大做，让对方增加心理负担，对方或许就会因此而不帮助你了。

第四，喜庆场合与悲痛场合。一般地说，说话应与场合中的气氛相协调。在别人办喜事时，千万不要说悲伤的话；在人家悲痛时，不要说逗乐的话，甚至哼哼民歌小调，免得别人说你这人太不懂事了。

说话有"术"，"能说会道"也是一种本领。古有"一语千金"之说，也有"妙语退敌兵"之事。由此可见，会说、巧说是何等重要。我们应重视"说"的作用，讲究"说"的艺术。注意语言的学习与积累，针对不同的场合，要选用最得体、最恰当的语言来表情达意，力争获得最佳的效果。

实话实说，也要分场合

有时候，老实话会招人厌烦，破坏气氛。所以，在某些场合，老实话不一定受欢迎。会说话的人早已预料到这一结果，在为人处世过程中，就表现出与众不同。他们会根据场合、对象区别对待。

实话实说固然可贵，但要分清状况，找准场合。

有这样一个故事：

从前，有一个爱说大实话的人，什么事情他都照实说。所以，他不管到哪儿，总是被人赶走。这样一来，他变得一贫如洗，简直无处栖身。

最后，他来到一座修道院，指望着能被收容。修道院院长见过他，问明原因以后，认为应该尊重“热爱真理，喜欢说实话的人”。于是，让他在修道院里安顿下来。

修道院里有几头已经不中用的牲口，修道院院长想把它们卖掉。可是，他不敢派手下的什么人到集市去，怕他们把卖牲口的钱私藏腰包。于是，他就叫这个人把两头驴和一头骡子牵到集市上去卖。这人在买主面前只讲实话说：“尾巴断了的这头驴很懒，喜欢躺在稀泥里。有一次，长工们想把它从泥里拽起来，一用劲，拽断了尾巴。这头秃驴特别倔，一步路也不想走。他们就抽它，因为抽得太多，毛都秃了。这头骡子呢，是又老又瘸。如果干得了活儿，修道院院长怎么会把它们卖掉呢?”结果，买主们听了这些话都走了。这个人的大实话在集市中马上传开了，没有人前来问他这些牲口的价钱了。

于是，这人只好又把它们赶回了修道院。听完这人讲述卖牲口的过程后，修道院院长发着火对他说：“那些把你赶走的人是对的。不应该留你这样的人！我虽然喜欢实话，可是，我却不喜欢那些跟我的腰包作对的实话！所以，老兄，你滚开吧！你爱上哪儿就上哪儿去吧！”

就这样，这人又从修道院里被赶走了。

“待人真诚、实话实说”是前人留下的做人准则，要求人们照此去为人处世。可是，随着时代的发展、社会的变迁，事情的发展也逐渐复杂化，真诚待人固然没错，但是，在说老实话前要好好动动脑筋，说老实话前要分清场合，找准时机。

生活中，许多说服工作不成功，就是因为话说得不够圆；话说得太多，出毛病的机会也就愈多，而不看场合说话的人，更难说服他人。那些真正有见识、有学问的人往往表现为大智若愚，不乱说话。在适当的场合，一句话便可以让对方接受你的观点。相反，把话照直说出来，这样不仅打消了别人的兴趣，而且往往令人生厌。

从前，有一对父子冬日在镇上卖便壶（俗称“夜壶”，旧时男人夜间或病中卧床小便的用具）。父亲在南街卖，儿子在北街卖。不多久，儿子的地摊前来了很多看货的人。其中一个看了一会儿，说道：“这便壶大了些。”那儿子马上接过话茬：“大了好哇！装的尿多。”在场的人听了，觉得很不顺耳。特别是那个问话的人，听后便扭头离去。在南街的父亲也遇到顾客说便壶大的情况。当听到一个老人自言自语说“这便壶大了些”后，他马上笑着轻声地接了一句：“大是大了些，可您想想，冬天夜长啊！”好几个顾客听罢，都会意地点了点头，继而掏钱买走了便壶。

我们可以看到，父子两人在一个镇上做同样的生意，但结果却迥然不同，并不是因为年老的人让人可怜，其真正的原因就在会不会说话上。我们不能说当儿子的话说得不对，确实，便壶大装得尿多，他是实话实说。但不可否认，他的话说得欠水平，不看场合，而且粗俗的语言难以入耳，令人听了很不舒服。

儿子一句话砸了生意，父亲一句话盘活了生意。这不正说明了“说话要注意场合”。不看场合，随心所欲，信口开河，想到什么说什么，别人是不会接受你的说法的。因此，在不同的场合，面对不同的人、不同的事，应该从不同目的出发，用不同的方式说话，这样才能收到理想的言谈效果。

看人说话，办事不难

如果我们说话不看对象，不仅达不到办事的目的，往往还会伤害双方的感情。因此，会说话与会求人是不可分的，话说得到位，对方就容易接受你的请求。显然，说话水平的高低已成为一个人找人办事是否成功的关键因素。所以，在找人之前最好能够在语言上动动脑筋。

要想求对方顺利办成事，必须深入了解对方的性格、身份、地位、兴趣，然后投其所好，避其所忌，攻其虚，得其实，这样办起事来才能进退自如，成功有望。做不到这一点，就容易把本该办成的事办砸。

第一，不能忽视对方的身份、地位。无论在哪个国家、什么时代，人们的地位等级观念都是很强的。对方的身份、地位不同，你说话的语气、方式及办事方法也应有异。如果不明白这一点，对什么人都是一视同仁，则很可能会被对方视为无大无小、无尊无贱。尤其当对方的身份地位比你高时，他会认为你没有教养，不懂规矩，因而他不喜欢听你的话，不愿帮你的忙，或者有意为难你。这样就可能阻碍了自己办事的路子，使所办之事遇到障碍。聪明人都是懂得看对方的身份、地位来办事的，这也是自己办事能力与个人修养的体现。平常我们所说的“某某人会办事”，很大程度上就体现在“见什么人说什么话”的才智上。这样的人不只当领导的器重他，做同事的也不讨厌他。这样一来，他们办起事来就比较容易。

第二，看准对方的性格，投其所好。人各有其情，各有其性。有的人喜欢听奉承话，给他戴上几顶“高帽”，他就会使出浑身力气帮你办事；有的人则不然，你一给他戴“高帽”，反而引起他敏感性的警惕，以为你是不怀好意；有的人刚愎自用，你用激将法，才能使他把事办好；有的人脾气暴躁，讨厌喋喋不休的长篇说理，求他办事，说话就不宜拐弯抹角。

外交史上有一则逸事。一位日本议员去见埃及总统纳赛尔，由于两人的性格、经历、生活情趣、政治抱负相距甚远，总统对这位日本议员不大感兴趣。日本议员为了不辱使命，搞好与埃及当局的关系，会见前进行多方面的分析，最后决定以套近乎的方式打动纳赛尔，以达到会谈的目的。下面是双方的谈话：

议员：阁下，尼罗河与纳赛尔，在我们日本是妇孺皆知的。我与其称阁下为总统，不如称您为上校吧，因为我也曾是军人，也和您一样，跟英国人打过仗。

纳赛尔：唔……

议员：英国人骂您是“尼罗河的希特勒”，他们也骂我是“马来西亚之虎”。我读过阁下的《革命哲学》，曾把它同希特勒的《我的奋斗》作比较，发现希特勒是实力至上的，而阁下则充满幽默感。

纳赛尔（十分兴奋）：呵，我所写的那本书是革命之后，花三个月匆匆写成的。你说得对，我除了实力之外，还注重人情味。

议员：对呀！我们军人也需要人情。我在马来西亚作战时，一把短刀从不离身，目的不在杀人，而是保卫自己。阿拉伯人现在为独立而战，也正是为了防卫，如同我那时的短刀一样。

纳赛尔（大喜）：阁下说得真好，以后欢迎你每年来一次。

此时，日本议员顺势转入正题，开始谈两国的关系与贸易，并愉快地合影留念。日本人的套近乎策略产生了奇效。

在这段会谈一开始，日本人就把总统称作上校，使对方降了不少级别。挨过英国人的骂，按说也不是什么光彩的事，但对于军人出身，崇尚武力，并获得自由独立战争胜利的纳赛尔听来，却颇有荣耀感。没有希特勒的实力与手腕，没有幽默感与人情味，自己又何以能从上校到总统呢？接下来，日本人又以读过他的《革命哲学》，称赞他的实力与人情味，并进一步称赞阿拉伯战争的正义性。

这不但准确地刺激了纳赛尔的“兴奋点”，而且百分之百地迎合了他的口味，使日本人的话收到了预想的奇效。

交谈好比一把钥匙，可以轻易地打开办事之门。人们的兴趣爱好往往牵连着头脑中的兴奋点。我们如果在交谈中根据不同人的身份、地位、兴趣爱好，从不同的话题入手，常常可以比较容易地开启对方的心扉，步入对方的心灵深处，有效地激发对方情感的共鸣，顺利办成所求之事。

知己知彼再开口

《孙子兵法》所言："知己知彼，百战不殆。"就是说，在战争中只有知己知彼才能打胜仗，此言也适用于我们的说话上。说话时不了解对方，不仅达不到目的，往往还会伤害对方的面子。

《世说新语》中有一则这样的故事：

有个叫许允的人在吏部做官，提拔了很多同乡人。明帝察觉之后，便派虎贲卫士去抓他。

他的妻子赶出来告诫他说："明主可以理夺，难以情求。"让他向皇帝申明道理，而不要寄希望于哀情求饶。

于是，当魏明帝审讯许允的时候，许允直率地回答说："陛下规定的用人原则是'举尔所知'，我的同乡我最了解，请陛下考察他们是否合格，如果不称职，臣愿接受处罚。"

魏明帝派人考察许允提拔的同乡，他们倒都很称职，于是将许允释放了，还赏了他一套新衣服。

许允提拔同乡，是根据封建王朝制定的个人荐举制的任官制度。不管此举妥不妥当，都合乎皇帝认可的"理"。许允的妻子深知跟皇帝打交道，难以求情，却可以"理"相争。于是，叮嘱许允以"举尔所知"和用人称职之"理"，来抵消提拔同乡、结党营私之嫌。这可以说是善于根据说话对象的身份来选择说话的绝好例子。

与人说话，除了要考虑对方的身份以外，还要注意观察对方的性格。一般说来，一个人的性格特点往往通过自身的言谈举止、表情等流露出来，如：那些快言快语、举止敏捷、眼神锋利、情绪易冲动的人，往往是性格急躁的人；那些直率热情、活泼好动、反应迅速、喜欢交往的人，往往是性格开朗的人；那些表情细腻、眼神稳定、说话慢条斯理、举止注意分寸的人，往往是性格稳重的人；那些安静、抑郁、不苟言笑、喜欢独处、不善交往的人，往往是性格孤僻的人；那些口出大言、自吹自擂、好为人师的人，往往是性格自负的人；那些懂礼貌、讲信义、实事求是、心平气和、尊重别人的人，往往是谦虚谨慎的人。对于这些不同性格的谈话对象，一定要具体分析，区别对待。

《三国演义》第六十五回，马超率兵攻打葭萌关的时候，诸葛亮对刘备说："只有张飞、赵云二位将军，方可对敌马超。"

刘备说："子龙领兵在外回不来，翼德现在这里，可以急速派遣他去迎战。"

诸葛亮说："主公先别说，让我来激激他。"

这时，张飞听说马超前来攻关，大叫而入，主动请求出战。

诸葛亮佯装没听见，对刘备说："马超智勇双全，无人可敌，除非往荆州唤云长来，方能对敌。"

张飞说："军师为什么小瞧我！我曾单独抗拒曹操百万大军，难道还怕马超这个匹夫！"

诸葛亮说："你在当阳拒水断桥，是因为曹操不知道虚实，若知虚实，你怎能安然无事？马超英勇无比，天下的人都知道，他渭桥六战，把曹操杀得割须弃袍，差一点丧了命，绝非等闲之辈，就是云长来也未必能战胜他。"

张飞说："我今天就去，如战胜不了马超，甘当军令！"诸葛亮看"激将法"起了作用，便顺水推舟地说："既然你肯立军令状，便可以为先锋！"

结果，张飞与马超在葭萌关下酣战了一昼夜，斗了二百二十多个回合，虽然未分胜负，却打掉了马超的锐气，后被诸葛亮施计说服而归顺刘备。

在《三国演义》中，诸葛亮针对张飞脾气暴躁的性格，常常采用"激将法"来说服他。每当遇到重要战事，先说他担当不了此任，或说怕他贪杯酒后误事，激他立下军令状，增强他的责任感和紧迫感，激发他的斗志和勇气，扫除轻敌思想。

诸葛亮对关羽，则采取"推崇法"。如马超归顺刘备之后，关羽提出要与马超比武。为了避免二虎相斗，必有一伤，诸葛亮给关羽写了一封信：

我听说关将军想与马超比武定高下。依我看来，马超虽然英勇过人，但只能与翼德并驱争先，怎么能与你"美髯公"相提并论呢？再说将军担当镇守荆州的重任，如果你离开了造成损失，罪过有多大啊！

关羽看了信以后，笑着说："还是孔明知道我的心啊！"他将书信给宾客们传看，打消了入川比武的念头。

虽然每个人的情况各不相同，如对方的兴趣、爱好、长处、弱点、情绪、思想观点等，这些都是需要注意的内容，但身份与性格无论如何是很重要的"情况"，不得不优先注意。

战国时期著名的纵横家鬼谷子曾经精辟地总结出与各种各样的人交谈的办法："与智者言依于博，与博者言依于辩，与辩者言依于要，与贵者言依于势，与富者言依于豪，与贫者言依于利，与卑者言依于谦，与勇者言依于敢，与愚者言依于锐……说人主者，必与之言奇；说人臣者，必与之言私。"

上面两段话意思是说，和聪明的人说话，须凭见闻广博；与见闻广博的人说话，凭辨析能力；与地位高的人说话，态度要轩昂；与有钱的人说话，言辞要豪爽；与穷人说话，要动之以利；与地位低下的人说话，要谦逊有礼；与勇敢的人说话，不能稍显怯懦；与愚笨的人说话，可以锋芒毕露；与上司说话，须用奇的事打动他；与下属说话，须用切身的利益说服他。

总之，说话前，一定要识对人，看清人，再决定你说话的内容。

不同的人，不同的话

有一句经典的话这样说："一样的米养百样的人。"从人物性格的多重性、差别性来看，这句话很正确也很实用——在社交中必须针对不同的人做不同的分析。对性格活泼、个性开朗的人，可以比较随意地开玩笑；对性格内向的人，交谈的时候需要耐心；对于性格耿直的人，可以对他们直言不讳，不会引起反感，反而会引起对方的共鸣；对那些生性多疑、小心眼儿的人，说话要小心谨慎，开口前要再三酝酿，以免得罪对方。

常言道，到什么山上唱什么歌，见什么人说什么话。一个真正懂得说话的人，不见得字字珠玑、句句含光。但是，他总是能够说出对方想听的话。如果你了解了下面这八种类型的人，就会明白与这些人该怎样说话。

第一，面对死板的人。这类人就算你很客气地和他打招呼、寒暄，他也不会做出积极的反应。他通常不会注意你在说些什么，甚至你会怀疑他听进去没有。你是否也遇到过这种人？和这种人交际，刚开始多多少少会感觉不安，但这实在也是没办法的事。遇到这样情况，你就要花些时间，仔细观察、注意他的一举一动，从他的言行中寻找出他所真正关心的事来。你可以随便和他闲聊，只要能够使他回答或产生一些反应，那么事情也就好办了。接下去，你要好好利用此话题，让他充分表达自己的意见。每一个人都有令他感兴趣、关心的事，只要你稍一触及，他就会开始滔滔不绝地说下去，此乃人之常情。因此，你必须好好掌握并利用这种人性心理。

第二，面对傲慢无礼的人。有些人自视清高、目中无人，时常表现出一副"唯我独尊"的样子。像这样举止无礼、态度傲慢的人，实在叫人看了生气，是最不受欢迎的典型。但是，当你不得不和他接触时，你要如何对付他？对付这一类型的人，说话应简洁有力才行。最好少跟他啰唆，所谓"多说无益"。因此，你要尽量小心，以免掉进他的圈套里去。不要认为对方客气，你也礼尚往来地待他。其实，他多半是缺乏真心诚意的。你最好在不得罪对方的情况下，言辞尽可能"简省"。

第三，面对沉默寡言的人。和不爱开口的人交涉事情，实在是非常吃力的。因为对方太过沉默，你就没办法了解他的想法，更无从得知他对你是否友好。对于这种人，你最好采取直截了当的方式，让他明确表示“是”或“不是”、“行”或“不行”，尽量避免迂回式的谈话，你不妨直接地问：“对于A和B两种办法，你认为哪种较好？是不是A方法好些呢？”

第四，面对深藏不露的人。我们周围存在着许多深藏不露的人，他们不肯轻易让人了解其心思，或知道他们在想些什么，有时甚至说话不着边际，一谈到正题就“顾左右而言他”。双方进行交涉，其目的在于了解彼此的情况，以便任务圆满达成。因此，要经常挖空心思去窥探对方的情报，期待对方露出他的“庐山真面目”来。但是，当你遇到这么一个深藏不露的人时，你只把自己预先准备好的资料拿给他看，让他根据你所提供的资料，作出最后决断。人们多半不愿将自己的弱点暴露出来，即使在你要求他供出答案或提出判断时，他也故意装作不懂，或者故意言不及义地闪烁其词，使你有一种“高深莫测”的感觉。其实，这只是对方伪装自己的手段罢了。

第五，面对草率决断的人。这类人乍看反应很快：他常常在交涉进行到最高潮时，忽然做出决断，给人“迅雷不及掩耳”的感觉。由于这类人多半是性子太急了，因此，有的时候为了表现自己的“果断”，决定就会显得随便而草率。这类人经常会“错误地领会别人的意图”，也就是说，由于他的“反应”太快，每每会对事物产生错觉和误解。其特征是：没有耐心听完别人的谈话，往往“断章取义”，自以为是做出决断。如此，虽使交涉进行得较快，但草率做出的决定多半会留下后遗症，招致意料不到的枝节发生。从事交涉，总是要按部就班地来。倘若你遇到上述这种人，最好把谈话分成若干段，说完一段之后，马上征求他的同意，没问题了再继续进行下去。总之，你要瞻前还要顾后，如此才不致发生错误，也可免除不必要的麻烦。

第六，面对冥顽不灵的人。顽强固执的人是最难应付的，因为无论你说什么，他都听不进去，只知坚持自己的意见，死硬到底。跟这种顽固分子交手，是最累人且又浪费时间的，结果往往徒劳无功。因此，在你和他交涉的时候，千万要记住“适可而止”。否则，谈得越多、越久，心里越不痛快。对付这类人，你不妨及时抱定“早散”“早脱身”的想法，随便敷衍他几句，不必耗时自讨没趣。

第七，面对行动迟缓的人。对于行动比较缓慢的人，最需要耐心。与人交际时，可能也会经常碰到这种人。此时，你绝对不能着急，因为他的步调总是无法跟上你的进度。换句话说，他是很难达到你的预定计划的。所以，你最好按捺住性子，拿出耐心，尽可能配合他的情况去做。此外，应该注意的是：有些人言行并不一致，他可能话语明快、果断，只是行动不相符合罢了。

第八，面对自私自利的人。这世上自私自利的人为数不少，无论你走到哪儿，总会遇到几个。这种人心目中只有自己，凡事都将自己的利益摆在前头，要他做些于自己无利的事，他是绝不会考虑的。当我们不得不与其接触、交涉时，只有暂时按捺住自己的厌恶之情，姑且顺水推舟、投其所好。当他发现自己所强调的利益被肯定了，自然就会表示满意。如此一来，交涉就会很快获得成功。

俗话说："打狗还要看主人。"凡是有"手腕"的会说话的人都懂得是见什么人说什么话，进什么庙念什么经。这才是说话获得成功的关键所在。

见什么人说什么话

与人谈话要注意场合和身份，根据场合把握说话的分寸。根据不同的情况、场合可做多种分类，而每一类别对说话的风格都有不同的要求。

所谓入乡随俗，注意适应性。就是说，我们在说话时要适应时间、场合以及自己的身份。否则，就会影响表达效果，也达不到交际目的。这也是人们常说的“到什么山上唱什么歌”，“是什么身份说什么话”。生活中，人是各种各样的。因此，他们的心理特点、脾气秉性、语言习惯也各不相同。由于这个缘故，也就决定了他们对语言信息的要求是不同的。所以，要注意见什么人说什么话，不能用统一的通用的标准说话方式来交流。

《战国策》曾经记载过这样一个故事：

卫国有一家人去娶新媳妇，这新媳妇一边上马车，一边指指点点地问婆家的人：“车辕两边的马是谁家的呀？”赶车人说：“是借的。”新媳妇听了这话，忙对赶车人说：“轻点打它，也别猛抽那驾辕的马！”

马车到了婆家门口，伴娘搀扶着新媳妇下了车，新媳妇又指手画脚地对伴娘说：“做完饭，要把灶里余火弄灭，不然，会失火的！”

当新媳妇走进院子，看见当路的地方有个石臼，连忙说：“快把它搬到窗户下面去，在这儿会妨碍走路的！”知道这件事的人，都笑话她。

这位新媳妇从上马车到进婆家门，一共讲了三次话。从这三次讲话的内容来看，都是很有道理的，而且非常重要。第一次，嘱咐赶车人不要猛打驾车的马，因为马是借来的，所以应该倍加爱惜；第二次，吩咐伴娘做完饭后要熄掉灶里的余火，新婚之夜，宾客乱纷纷的，稍有不慎，引起火灾，就会乐极生悲；第三次，指挥仆人将妨碍走路的石臼搬到窗下，以利行人往来。

可是，为什么人们要笑话她呢？原因就是她说这些话时没有考虑具体的场合与身份。她的三番话若是在娘家说，人们会觉得她是个很会体贴家人、很会过日子的好姑娘；若是结婚三天之后再说，人们则会称赞她是个善于持家的好媳妇。按古时候的风俗，新媳妇进门三天之内是不能多言多语的，何况是在新婚之日呢？所以，虽然新媳妇的话说得合情合理，但因说的场合不对、所处的身份不同，因此受到别人的嘲笑。

由此可见，时间、场景和身份对说话效果有着很重要的影响。所以，我们就得注意，所说的话必须适应时间、场景和身份的要求。说话是要有对象的，对牛弹琴，说得再精彩也是没用的。只有根据实际情况，一点一滴地了解对方、熟悉对方，才能尽其所能地施展自己的言语魅力。这对于所熟悉的人是容易做到的，但对于初次见面的陌生人该怎么做呢？应该做到：边看边说，察言观色，巧妙应答。

第一，看面部表情。一个人心灵中的每一项活动都表现在脸上，刻画得很清晰、很明显。有的人口头表示赞同，但他的眉头却不知不觉地紧皱了起来，或者他的嘴唇突然紧闭，而且嘴角向下撇。这些表情恰恰是内心不愉快的流露。因此，他口头上的赞同其实是言不由衷的。

第二，看身体表情。几乎每一种体态、每一种动作都是一种特殊的语言，都在表现着一个人的内心世界。假如谈话的人双脚开立，双臂交叉在胸前，这就表明此人怀有某种敌意，他在自我防卫；而当他不仅双臂交叉，而且双拳紧握时，那就是说他不只是在自卫，而且要进攻了。又如一个谈话者常常摊开双手，这表明此人是真诚坦率的，对人毫无提防之心。

第三，看语言表情。与人交谈时，不但要看他说什么，而且还要看他怎么说。这就要从对方说话声音的高低、强弱、快慢、腔调等听出他的言外之意、弦外之音。这是因为，说话声音的种种变化不但能表现一个人的性格，而且能表明一个人的情绪与心境。例如，急性子的人说话节奏快、声音响亮；慢性子的人说话节奏缓慢，声音低沉；忧伤时的人语速慢、声音低、节奏平缓；而兴奋时的人则语速快、声音高、节奏强烈等。

“看人说话”主要是注意捕捉上述三种表情。从这些表情变化中便可随时猜度对方的心理状态，透视对方的心理需要，然后随时调整自己说话的内容与方式，并透过巧妙机智的言语获得预期的良好效果。

在现实生活中，因为不了解对方的性格、志趣或者没有猜准对方心意而无意引起对方反感，甚至伤害对方的事是屡见不鲜的。对一个做事雷厉风行、说一不二的人，你却慢条斯理，沿着羊肠小道跟他“绕圈”，只会让他不耐烦甚至躁动发火；对一些优柔寡断的人，你也采用优柔寡断的态度与他交涉，常常会因为表达含糊、词义不清而使交易告吹。如果你的领导是个呆板而不懂幽默的人，你最好不要跟他开玩笑。假如你偏用幽默的言语跟他讲话，他可能会骂道：这个家伙，尽跟我说些无聊的话！对一些爱露锋芒的人，你若任他肆意妄为，你们的交往可能会由于你们之间产生相互警惕以至嫉妒而遭失败。对一些“假正经”（心里想的跟嘴里说的相反），你若真跟他“正经”，那你可不会给别人留下好印象。

错估对方的性格特征，会使交往受到阻碍。这方面处理的一个基本原则是采取与对方性格特征相反的态度。不过，这也只是一个基本点，要参考着用。如果对一个生性懦弱的人采取强硬的态度，当然会遭到对方的反感。许多事例告诉我们，如果你没把握住对方的性格，必将陷入难以自拔的困境。

所以说，见什么人说什么话，因人而异是非常必要的，否则就会犯“对牛弹琴”的错误。

在一般情况下，运用“因人而异”的说话技巧要考虑以下几个方面：

第一，根据性别的差异。对男性，需要采取较强有力的劝说语言；对女性，则可以温和一些。

第二，根据年龄的差异。对年轻人，应采用煽动的语言；对中年人，应讲明利害，供他们斟酌；对老年人，应以商量的口吻，尽量表示尊重的态度。

第三，根据地域的差异。对于生活在不同地域的人，所采用的劝说方式也应有所差别。比如，对于我国北方人，可采用粗犷的态度；对于南方人，则应细腻一些。

第四，根据职业的差异。不论遇到从事何种职业的人，都要运用与对方所掌握的专业知识关联较紧的语言与之交谈，这样对方对你的信任感就会大大增强。

第五，根据性格的差异。若对方性格直爽，便可以单刀直入；若对方性格迟缓，则要“慢工出细活”；若对方生性多疑，切忌处处表白，应该不动声色，使其疑惑自消。

第六，根据文化程度的差异。一般来说，对文化程度低的人所采用的方法应简单明确，多使用一些具体的数字和例子；对文化程度高的人，则可以采取抽象的说理方法。

第七，根据兴趣爱好的差异。凡是有兴趣爱好的人，当你谈起他的爱好时，对方都会兴致盎然。

第六章

站在别人的角度上，把话说到心窝里

谁都希望别人重视自己，对自己好。说话也一样，不能老是从自己的角度出发。有时候，应该站在别人的角度，将心比心。如果一个人时时刻刻都能够站在别人的角度去说话，别人听了也都悦耳、顺心，他们不喜欢你是不可能的。

把话说到别人心坎里，没有办不成的事

话人人都会说，但要把话说得恰到好处，说到人的心坎上，的确不是一件简单的事情，这需要一定的心理学知识才行。

美国著名的柯达公司创始人伊斯曼成为美国巨富后，不忘社会公益事业，捐出巨款兴建音乐堂、纪念馆和剧院。为了能够承接这些建筑物内的座椅，许多制造商间展开了旷日持久的激烈竞争。但是，找伊斯曼谈生意的商人无不是乘兴而来，败兴而归。在这样的情况下，优美座位公司的经理亚当森没有退缩，依然前来拜访他，希望能够得到这笔上千万美元的大生意。

伊斯曼的秘书在引见前，就曾对亚当森说：“先生，我知道您急于得到这批订货。但我不得不告诉您的是，如果您占用伊斯曼先生 5 分钟以上的时间，您就完了。”亚当森笑着点头称是。

当亚当森被引见到伊斯曼的办公室后，看见伊斯曼正埋头于桌上的一堆文件中。于是，亚当森就静静地站在那儿细细地打量起这间办公室。

过了一会儿，伊斯曼抬头发现了来访的亚当森，便问道：“先生有何见教?”

秘书做了简单的介绍之后，就退了出去。亚当森并没有直接谈生意，而是说：“伊斯曼先生，在刚刚等您的时候，我仔细地观察了您的这间办公室。我本人长期从事室内的装潢工作，但从来没见过装修得像您这么精致的办公室。”

伊斯曼回答说：“要不是您提醒，我都忘记了这间办公室是我亲手设计的。刚刚建好时，我也喜欢极了。但后来一忙，有好长时间没机会好好欣赏一下这个房间了。”

亚当森走到墙边，用手在木板上一擦，说：“这是英国橡木，是不是?”

“是的，”伊斯曼高兴地站起身来回答说，“那是从英国进口的橡木，是我的一位专门研究室内设计的朋友专程去英国为我订的货。”

伊斯曼心情愉悦，饶有兴致地带着亚当森仔细地参观起办公室来。他把

办公室里的装饰一一向亚当森做了介绍，又详细述说了他的设计经过。

此时，亚当森微笑着仔细聆听。亚当森看到伊斯曼谈兴正浓，便十分好奇地问起他的经历。伊斯曼便向他讲述了青少年时代的苦难生活，以及自己打算为社会所做的巨额的捐赠……

亚当森由衷地赞扬他的功德心。结果，在不知不觉中，亚当森和伊斯曼谈了一个小时又一个小时，直谈到中午。最后，伊斯曼对亚当森说："上次我在日本买了几把椅子，由于日晒，都脱了漆。因此，我打算自己把它们重新漆好，不知道您有没有兴趣看看我的表演并到我家里和我一起吃午饭，然后再看看我的手艺?"

午饭后，伊斯曼便动手把椅子一把把漆好，并深感自豪。直到亚当森告别的时候，两人都未谈及生意。最后，亚当森不但得到了大批的订单，而且和伊斯曼结下了终生的友谊。

为什么亚当森能够获得成功呢？诀窍就在于他了解谈判对象的心理，巧妙地赞扬了伊斯曼的成就，从而使伊斯曼的自尊心得到极大的满足，在内心深处把他视为知己。那这笔生意岂有不成之理?

人人都有自尊心，勿炫耀你自己

每个人都有自尊心，每逢开口说话，不管是什么内容，都要注意别让人产生被比下去的感觉，这样才能不伤人心。

有些人总喜欢夸耀自己，往往认为自己高人一筹。每遇亲朋好友，就迫不及待地大肆吹嘘自己，却不知这样最令人伤心。

有一次，一位先生约了几个朋友来他家里吃饭，这些朋友彼此都是熟识的。他们聚拢来主要是想借着热闹的气氛，让一位目前正处于低潮的朋友心情好一些。

这位朋友不久前因经营不善，关闭了公司，妻子也因为不堪生活的压力，正与他谈离婚的事。内外交困，他实在很痛苦。来吃饭的朋友都知道这位朋友目前的遭遇，大家都避免去谈与事业有关的事。可是，其中一位朋友因为目前赚了很多钱，酒一下肚，忍不住就开始谈他的赚钱本领和花钱功夫。那种得意的神情，在场的人看了都有些不舒服。那位失意的朋友低头不语，脸色非常难看。后来，他早早便离开了。

人人都会经历人生的低谷，人人都会遇上不如意的时候。这时，在失意的人面前炫耀自己的得意之处，无异于把针一根根地插在别人心上。既伤害了别人，对自己也没有什么好处。

因此，与人相处，一定要切记：不要在失意者面前谈论你的得意之处。如果你正得意，要你不谈论不太容易，哪一个意气风发的人不是如此？所以，这种做法也没什么好责怪的。但是，谈论你的得意时要看场合和对象。你可以在演说的公开场合谈，对你的员工谈，享受他们投给你的钦慕眼光；也可以对路边的陌生人谈，让人把你当成榜样。但就是不要对失意的人谈，因为失意的人心灵最脆弱，也最多心，你的谈论在他听来都充满了讽刺与嘲弄的味道，让失意的人感受到你“看不起”他。当然，有些人不在乎，你说你的，他听他的，但这么豪放的人不太多。因此，你所谈论的得意之事，对大部分失意的人是一种伤害，这种滋味也只有尝过的人才知道。

一般来说，失意的人较少攻击性，郁郁寡欢是最普遍的心态。但别以为他总是如此。听你谈论了你的得意事后，他会有一种心理——怀恨。这是一种钻到他心底深处的对你的不满。你说得唾沫横飞，却不知不觉已在失意者心中埋下一颗炸弹，随时可以爆炸。

失意者对你的怀恨不会立刻显现出来，因为他无力显现。但他会透过各种方式来泄恨，如说你坏话、扯你后腿、故意与你为敌，主要目的则是——看你得意到几时，疏远你，避免和你碰面，以免再听到你的得意事。于是，你不知不觉就失去了朋友。

因此，当你有了得意事，发了财或一切顺利时，切忌在正失意的人面前谈论。就算在交际应酬场合没有真失意过的人，但总也有境况不如你的人，你的得意表情还是有可能引起他们的反感。人总是有嫉妒心的，这一点你必须承认。

所以，得意之时就少说话，而且说话时，态度要更加谦逊，才能迎合他人的自尊心，从而使自己更受欢迎。

实话要说，却要“巧说”

在生活中，与人交流是避免不了的，想知道说什么、怎么说，什么话能说、什么话不能说，都是需要用心琢磨的。很多时候，有些人吃亏就是因为没管好自己的嘴巴。

办公室文员小宁就是一个说话没“心计”的人，她性格非常内向，平时不太爱说话。当有人就某件事情征求她的意见时，她往往突然间说出来的话会很“刺”人，而且她的话总是在揭别人的“短儿”。

一次，一位女同事穿了件新衣服，其他人都称赞“漂亮”“合适”。问及小宁，她不假思索地说：“一般！我觉得这种颜色你穿有点艳，还有，你太胖了，看起来有点儿紧。”

当事人很生气，而且其他大赞衣服“怎样怎样好”的人也很尴尬。这完全是由于小宁不懂得玩技巧，说的话“太真实”。虽然有时小宁会为自己说出的话后悔，可在发表意见时，她仍然管不住自己，总是把别人最不爱听的话突然间说出来，让人不好接受。时间一久，同事们便把她排除在集体之外，都不愿意和她说话。结果，公司里几乎无人主动搭理她。

人，都希望别人能对自己说实话。但在某些特定的场合下，如顾及面子、自尊，以及出于保密等，实话实说往往会令人尴尬，伤及自尊。怎么办呢？实话是要说的，却应该“巧说”！

如何才能把实话巧妙地表达出来呢？说得既让人听了顺耳，又让人欣然接受。让我们读下列一则故事，你会恍然大悟。

在一次事故中，主管生产的副厂长老马左手指受了伤，被送往医院治疗。厂长老丁来病房看望时，谈到车间小吴和小齐两个年轻人技术水平较强，但组织纪律观念较差，想让他们下岗一事。老马当时没有表态，只是突然捧着手“哎哟哎哟”大叫。

丁厂长忙问：“疼了吧。”

老马说：“可不是，实在太疼了，干脆把手锯掉算了。”

老丁一听，忙说："老马，你是不是疼糊涂了，怎么手指受了伤就想把手锯掉呢？"

老马说："你说得很有道理，有时候，我们看问题，往往因注重了一方面而忽视了另一方面。老丁，我这手受了伤需要治疗，那小吴和小齐……"

老丁一下子听出了老马的"弦外之音"，忙说："老马，谢谢你开导我。小吴和小齐的事，我知道该怎么处理了。"

老马把"手有病需要治疗"类比"人有缺点可以改正"，进而巧妙地把"用人"和"治病"结合起来，既没因为直接反对老丁而伤了和气，又维护了团结，成功地解决了问题，不能不说是一个巧妙、高明的回答。

批评别人，要给足面子

心理学的研究表明，谁都不愿把自己的错处或隐私在公众面前曝光。一旦被人曝光，就会感到难堪或恼怒。因此，在交际中，如果不是为了某种特殊需要，一般应尽量避免触及对方所避讳的敏感区，避免使对方当众出丑。必要时，可委婉地暗示对方已知道他的错处或隐私，便可造成一种对他的压力。但不可过分，只须点到而已。

楚庄王十分钟爱他的一匹马，但这匹马因过于养尊处优，肥胖而死。庄王命令全体大臣为死马致哀，并要用一棺一椁装殓，按大夫的礼节举行葬礼。百官纷纷劝阻，庄王大动肝火，下令谁再劝阻，定判死罪。

宫中有个叫优孟的人，进宫号啕大哭。庄王问他哭什么，优孟说："这匹马是大王最心爱的马，以楚国之大，什么东西弄不到！现在却只以大夫的葬礼来办丧事，实在太轻慢了！我请求用君王的礼仪来埋葬。"

楚庄王一听，甚为高兴："依你之见，怎么个埋葬法呢?"

优孟说："最好以雕琢的白玉做棺材，以精美的梓木做外椁。还要建造一座祠庙，放上牌位，追封它为万户侯。这样天下的人就知道，大王是轻贱人而贵重马了。"

楚庄王一听，如梦方醒，说："我的过错竟到了这种地步!"

优孟说服楚庄王别葬马，不是直言相阻，而是以退为进，先消除了楚庄王的对抗情绪和排斥心理，最后取得了成功。

下面这个故事开展的批评手腕更妙，既给了他人面子，也挽回了经济损失：

有一家著名的大酒家，一位外宾吃完最后一道茶点，顺手把精美的景泰蓝食筷悄悄"插入"自己的西装内衣口袋里。服务小姐不露声色地迎上前去，双手擎着一只装有一双景泰蓝食筷的绸面小匣子说："我发现先生在用餐时，对我国景泰蓝食筷颇有爱不释手之意。非常感谢您对这种精细工艺品的赏识。为了表达我们的感激之情，经餐厅主管批准，我代表本店，将这双图案最为精美并且经严格消毒处理的景泰蓝食筷送给您，并按照大酒家的‘优惠价格’记在您的账簿上，您看好吗？”

那位外宾当然会明白这些话的弦外之音，在表示谢意之后，说自己多喝了两杯“白兰地”，头脑有点发晕，误将食筷插入内衣袋里，并且聪明地借此“台阶”说：“既然这种食筷不消毒就不好使用，我就‘以旧换新’吧！哈哈哈。”说着，取出内衣口袋里的食筷恭敬地放回餐桌上，接过服务小姐给他的小匣，不失风度地向付账处走去。

即便是别人犯了错误，你不得不批评他，在批评的时候也要言之有理。既要坚持原则性和斗争性，敢摸老虎屁股，又要以理服人，切不可口出恶语，挖苦讽刺，侮辱人格。同时，要做到情理结合，情真理切，特别是对落后者的批评，更要注意亲近他们，满腔热情地帮助他们进步，才能收到好的效果。在一般情况下，有以下几个方面需要把握：

第一，不怒发冲冠，允许申辩。批评和发脾气不是一回事。发脾气有时不但无助于批评的效果，往往还会把事情搞僵。员工做了错事，或说了错话，你难免不生气，生气归生气，做上级的总要有气度和涵养，要能够把握自己的情绪，批评时千万不要声嘶力竭。

第二，实事求是，不恶语相向。批评宜以理服人，摆事实、讲道理。你一味地挖苦诬蔑，或者以对方的缺陷为笑柄，过分地伤害人的自尊，往往会适得其反。对方一旦产生抵触，就很可能以其人之道还治其人之身。

第三，轻重有度，不一棍子打死。批评应就事论事，一就是一、二就是二，哪儿疼就治哪儿的病，而不能夸大其词，借机整人。不能因一时一事的失误，就将人的过去全盘否定，或形成限定印象，觉得此人“朽木不可雕”，更不能当面断定人“不可救药”。

第四，讲究方法，不仗势欺人。个别上级如果和下属发生口角，气头上的口头语是：“听你的，还是听我的？”“这样做谁说了算？”他们不是平心静气地批评，而是用扣奖金、扣工资、换岗位等手段相威胁；不是以理服人，而是仗势欺人。这样做的结果，常常是压而不服，还结下心病。

说服别人讲究方法和掌握分寸是非常重要的。当对方犯错误的时候，说服更要顾及对方的脸面。只有这样，对方才会接受你的教诲。

尊重之语，最暖人心

因为有求于人，说话就应该尊重对方。首先，语气应柔和、诚恳。即使是亲友、熟人，也不能口气太硬。如你要买一套房子，你手头又没有足够的钱，只能向别人借，你可以说："不知您手头宽绰不宽绰？下月开支我就还您。"用这种商量的口气，只要人家手里有钱，是不会不帮忙的。但有些人不注意这一点，向人借钱时说："谁不知你存了上百万，借我十万还不是张飞吃豆芽——小菜一碟儿！"诸如此类无关痛痒的话，在平日里与熟人开玩笑说说还不要紧，如果真正开口借东西时，就不可这样说了。所以，借东西时说话一定要用商量的语气，使对方感到你有求于他而且尊重他，他才肯帮你。

某工程机械制造厂的科长对其部属小李说："小李，你看起来气色蛮好的嘛，听说最近挺清闲的？你看人家小张，多忙！在这个社会上，总是能者多劳的。不过，听说你的英文很棒，反正闲着也是闲着，帮我翻译一下这篇稿子，这个礼拜就要！"

"这礼拜？我恐怕要跟你说声抱歉。下星期一，我有一个会议，必须准备一些相关资料。所以，可能没时间为你翻译。科长不也是大学毕业的吗？我看根本不用托我嘛，反正我本职工作都做不好，就别说翻译这么重要的事情了。"

"啊，我知道了，算了，不求你也罢。"

上例的科长算是在求人办事吗？找部属替自己翻译，是要去说服而不是贬低他。拿对方同别人相比，言辞间流露出批评之意，甚至还抨击对方工作没做好。如此一来，对方哪还会想替你做事。事实上，许多人都是这样子，伤害了他人的自尊，却还一副若无其事的样子。碍于上司与下属间的关系，对方即使受到伤害，也不至于当场和你翻脸。但是，长期下来，部属心中对于上司的不满也会忍不住溢于言表了。

如果这位科长像下面这样说话，就不会碰壁了：

"小李，你最近有空吗？听说跟你同期的小张最近很忙。知识经济时代，真是能者多劳啊。下周又要开会，你现在一定也很忙吧！我曾听人说你的英文程度不错，不知能否抽空帮我翻译一下这篇文章呢？这是非常重要的资料，急着要的，行吗?”

“这周就要吗？大学毕业的科长都不敢掉以轻心，看来这篇翻译稿确实非常重要。虽然不知是否能让您满意，我一定会全力以赴的!”

“我就知道你绝对没问题，不然我也不会来找你了。拜托你啦!”

如此和气尊重的请托，谁会忍心拒绝呢？为什么换一种说法，小李的情绪就转变得和前例迥然不同呢？这是因为，他的自尊心得到极大的满足。无论是谁，对自身的东西都会有一种自豪、珍惜之情。尊重这份感情，就能赢得对方的信赖。一般人若能在工作上得到上司的肯定，就很容易滋生甘为对方赴汤蹈火的情感。伤害对方的自尊可以说是求人办事的一大禁忌。

人都是有自尊心的，任何人都希望得到别人的尊重。即使是学生、孩子，也希望得到老师、家长的认可。而一个人在受到别人尊敬时，心情会特别轻松愉快。在这种情况下请求对方，往往会取得事半功倍的效果。

从对方的喜好处入手

每个人都有自己的喜好，进行说服时如能从这方面入手，对方便对你好感大增，你就容易成功。

已故的哈伯博士原是芝加哥大学的校长，也是他那一时代最好的一位大学校长，他善于筹募数额庞大的基金。

一次，哈伯先生需要额外的100万美元来兴建一座新的建筑。他拿了一份芝加哥百万富翁的名单，研究可以向什么人筹募这笔捐款。结果，他选了其中两个人，每一个都是百万富翁，而且彼此都是仇恨很深的对手。

其中一位当时担任芝加哥市区电车公司的总裁。哈伯博士选了一天的中午时分——这是因为，在这时候，办公室的人员，尤其是这位总裁的秘书，可能都已外出用餐了——悠闲地走入他的办公室。对方对于他的突然出现，大吃一惊。

哈伯博士自我介绍说道："我叫哈伯，是芝加哥大学的校长。请原谅我自己闯了进来，但我发现外面办公室并没有人，于是我只好自己决定，走了进来。

"我曾多次想到你，以及你的市区电车公司。你已经建立了一套很好的电车系统，而且我知道你从这方面赚了很多钱。但是，每一想到你，我总是要想到，总有一天你也要进入那个不可知的世界。在你走后，你并未在这个世界上留下任何纪念物，因为其他人将接管你的金钱，而金钱一旦易手，很快就会被人忘记它原来的主人是谁。

"我常想到提供给你一个让你的姓名永垂不朽的机会。我可以允许你在芝加哥大学兴建一所新的大楼，以你的姓名命名。我本来早就想给你这个机会，但是，学校董事会的一名董事先生却希望把这份荣誉留给××先生（这位正是电车公司老板的对手）。不过，我个人在私下一向欣赏你，而且我现在还是支持你。如果你能允许我这样做，我将去说服校董事会的反对人士，让他们也来支持你。

“今天我并不是来要求你做出任何的决定，只不过是我刚好经过这儿，想顺便进来坐一下，和你见见面，谈一谈。你可以把这件事考虑一下，如果你希望和我再谈谈这件事，麻烦你有空时拨个电话给我。

“再见，先生！我很高兴能有这个机会和你聊一聊。”

说完这些，他低头致意，然后退了出去，不给这位电车公司老板任何表示意见的机会。事实上，这位电车公司老板根本没有任何机会说话，都是哈伯先生在说话，这也是他事先如此计划的。他进入对方的办公室只是为了埋下种子，他相信，只要时间一到，这个种子就会发芽，成长壮大。

果然，正如他所预想的那样，他刚回到学校的办公室，电话铃就响了，是电车公司老板打来的电话。他要求和哈伯博士定个约会。第二天早上，两人在哈伯博士的办公室见了面。一个小时后，一张100万美元的支票已经交到哈伯博士的手上了。

为了清楚地展示哈伯先生说服别人的高明之处。我们不妨再来做这样的假设，他在和那家电车公司老板见面后，开头就这样说：“芝加哥大学急需基金来建造大楼，我特地前来请求你协助。你已经赚了不少钱，你应该对这个使你赚大钱的社会尽一份力量才对。如果你愿意捐100万美元给我们，我们将把你的姓名刻在我们所要兴建的新大楼上。”真是这样，结果会如何呢?

显然，没有充分的理由足以吸引这位电车公司老板的兴趣。这些话也许说得很对，但他可能不愿承认这一事实。

哈伯博士的高明之处就在于，他以特殊的方式提出说辞，进而制造出机会。哈伯博士使这位电车公司老板处于防守的地位。他告诉这位老板说，自己不敢肯定一定能说服董事会接受这位老板想使自己的姓名出现在新大楼的欲望，因为哈伯博士在那位老板脑中灌输了这个念头：如果你不捐款的话，你的对手及竞争者可能就要获得这项荣誉了。

哈伯博士可谓是杰出的语言大师。当他请人捐款时，他总是先为自己能够成功获得这项捐款而铺路。他先在请求捐款对象的脑海中埋下为什么应该把钱捐出的一个充足的好理由，这个理由自然会向这个捐款对象强调捐款后的某些好处。在通常情况下，这种好处都是属于商业上的。同时，它也会去吸引这个对象天性中的某些兴趣，以促使他希望他的姓名能够在他死后永垂不朽，而且，他总是要事先仔细思索出妥当的计划，并运用高超的说服技巧来使这个计划更为完美妥善，再据此来加以劝导。

说服大忌：不讲情面，生硬无情

说服时，诚恳深情的态度就像润滑剂，能减少摩擦，从而使说服达到预期效果。如果生硬无情地说服，只能招惹反感，甚至是愤怒，这是说服大忌。

我们每一个人都不是生活在真空里，就像我们身上会沾染许多病菌一样，在我们的思想意识和言谈行为上，也会不可避免地出现一些缺点、错误。那么，采取什么样的说服方式才会取得好的效果呢？

“心直口快”作为人的一种性格来说，在某些方面的确可体现出它的优点，但在说服他人时，“心直口快”者往往不能体谅对方的情绪。图一时“嘴快”，随口而出，过后又把说过的话忘了，而在被说服者的心理上却蒙上了一层阴影，也失去了对说服者的信任。所以，当你在说服他人时，不妨学会从别人的角度来看问题，设身处地地站在对方的立场考虑一下，自己是否能接受得了这种说服！如果所说服的话自己听来都有些生硬，有些愤愤不平，那么就该检讨一下措辞方面有何需要修改之处。

如果说服者态度不诚恳，或居高临下，冷峻生硬，反而会引发矛盾，产生对立情绪，使说服工作陷入僵局。因此，说服工作必须注意态度。诚恳而深情的态度就像润滑剂，往往能使摩擦减少，从而使说服工作达到预期效果。

把说服当作鼓励是最佳的说服模式。英国 18 世纪著名评论家约瑟·亚迪森曾说：“真正懂得批评的人看重的是‘正’，而不是‘误’。”这里所说的“正”，实际上就是隐恶扬善，从正面来加以鼓励，也就是一种含蓄的说服，能使说服对象不自觉地改正自己的错误和缺点。可以说，从正面鼓励对方改正缺点、错误的间接说服方法，比直接说服效果会更快、更好，因为这种说服方法易于被对方所接受，从而产生良好的效果。

在开展说服时，应当注意说服他人的态度。有什么问题就说什么问题，切勿把“陈谷子烂米糠”统统翻出来，纠缠在一起，算总账。这样做，只能引起对方的反感。而揭对方的疮疤，甚至伤害其人格，也最容易引起对方的愤怒，应绝对避免。

在说服他人之前，先要明确是就哪件事情或事情的哪个方面进行说服，那么就以事实为基础，越具体明确越好。抽象笼统，“一竿子打死一船人”，别人就难以弄懂你的意思。

有什么样的态度就有什么样的用语。如果态度诚恳，语气也必定会亲切，让人听了心里舒服；如果态度生硬，自以为是，别人也就不会买你的账。有的人说服人时总喜欢用“你应该这样做……”“你不应该这样做……”的方式来表述，仿佛只有他的看法才是正确的。这种自以为是的口吻只会引起别人的反感。

说服和建议是紧密联系在一起的，说服的主要目的是希望对方能改正缺点、错误，从而朝着正确的方向发展，所提的建议当然应该是为对方指出方向。但有的人提的建议不具体，让人糊里糊涂，弄不明白。如有客人要来家吃饭，妻子对丈夫说：“你能不能不老在那里看报?”与其这样说，不如说：“你能不能帮我摆好桌椅、碗筷？客人就要来了。”这样就从另一个角度婉言指出了丈夫的懒惰，同时给他指明了改正的方向，这样的说服效果会更好一些。

反对意见，要绕个弯

每个人都会犯错误，每个人也都有自尊心。但有些问题可采用间接的方法指出来，说服的效果会更好。

我们会发现，通过间接的途径表达自己的意见反而更容易被人接受，这大概就是古人所说的以迂为直的奥妙所在吧！

春秋时期，齐景公放荡无度，喜欢玩鸟打猎，并派烛邹来专管看鸟。一天，鸟全都飞跑了，齐景公大怒，下令要斩杀烛邹。

这时，大臣晏子闻讯赶到。他看到齐景公正处在气头上，怒不可遏，便请求齐景公允许他在众人之前尽数烛邹的罪状，好让他死个明白，以服众人之心。齐景公答应了。于是，晏子便对着烛邹怒目而视，大声地斥责道：

“烛邹，你为君王管鸟，却把鸟丢了，这是你第一大罪状；你使君王为了几只鸟儿而杀人，这是你第二大罪状；你使诸侯听了这件事，责备大王重鸟轻人，这是第三条罪状。以此三罪，你是死有余辜。”

说罢，晏子请求景公把烛邹杀掉。此时，景公早已听明白其中的意思，转怒为愧，挥手说：“不杀！不杀！我已明白你的指教了！”

这个故事就是下级迂回地批评领导，表达反对性意见，并被领导心悦诚服地接受的很好的一个例证。很明显，晏子是反对景公重鸟轻人的，但他看到景公正处于气头上，直谏反而不妙，于是就采取以退为进、以迂为直的方法来间接地表达自己的意见，使齐景公得以领悟其中的利害关系和是非曲直，达到既救烛邹之命，又说服景公的目的。而且，晏子也避免了直接触犯景公，给自己引来不必要的麻烦。

迂回地表达反对性意见，可避免直接的冲撞，减少摩擦，使领导更愿意考虑你的观点，而不被情绪所左右。

我们每个人都有着自己一系列的观点和看法，它支撑着我们的自信心，是我们思考的结果。无论是谁，遭到别人直言不讳的反对，特别是受到激烈言辞的迎头痛击时，都会产生敌意，导致不快、反感、厌恶乃至愤怒和仇恨。

这时，我们会感到，气窜两肋，肝火上升，血管扩张，心跳加快，全身处于一种高度紧张状态，时刻准备做出反击。其实，这种生理反应正是心理反应的外化，是人类最本能的自我保护机制的反映。

小董在某外企打工，待遇等各方面都很不错，小董也非常精明能干。可有一件让人头疼的事，就是他的两个顶头上司不和，经常就一件事情同时向小董发出不同的命令，弄得小董无所适从，当然也就影响到他的工作进度。有一天，小董因为接到两个上司的相互矛盾的命令，没有按时完成任务。不巧，碰到公司老总来视察，老总把小董批评了一番。小董并未向老总诉说冤屈，只是笑着说："我想问您一个问题，您和我的两个上司这'三驾马车'是不是朝着同一个方向行驶呢？"老总说："那当然是。"小董又说："如果您的手下这两驾马车分别朝着两个方向行驶，那您应该朝着哪个方向行驶呢？"老总听完这话，明白了其中的含义，看了看小董的两个上司。两个上司顿时觉得很不好意思。小董趁机说："当然，我是希望两驾马车是朝同一个方向行驶的，如果是朝着两个方向行驶，我的工作就没法做了，恐怕会天天完不成工作了。"

小董巧借比喻化解自己的困境，成功地说服了公司老总和两个上司，以后工作起来自然顺利多了。

设身处地，学会换位沟通

假如说服别人有什么秘诀的话，就是设身处地地替别人着想，了解别人的想法和观点。如果一味地为自己的亮点和主张做争辩，往往只会陷于顶牛抬杠的困境。

在与人交往的过程中，豁达而谦逊的人最讨人喜欢。他们自己可以不要面子，但永远记得给别人面子。即使在说服别人的时候，说服高手也要先了解对方的愿望再考虑问题。

有一天，美国的哲学家、诗人爱默生同他的儿子一起想把一匹小牛赶进牛栏。但他们犯了一个错误，他们只想到自己的愿望。爱默生在后面推小牛，他的儿子在前面拽小牛。但小牛也有自己的愿望，它把两只前蹄撑在地上，执拗着不照他们父子的愿望行动。小牛又没有穿鼻绳，它顽固地不肯离开牧地。他们家的爱尔兰籍女佣见到这种情景，不由得笑着来帮助他们，她充分理解小牛的愿望。她刚才在厨房干活，手指头上有盐味儿。于是，她像母牛喂奶似的，把有咸味的手伸进小牛的嘴里，让它吮着走进了牛栏。

从这个故事中，我们不难悟出：动物尚且有自己的愿望，更何况人呢？不了解对方的意愿，光想自己认为怎么样就怎么样，难免会导致社交的失败。

你如果要说服一个人做一件事，在开口之前，最好先问问自己："如果是我，怎样才愿意去做这件事呢？"

在这方面，人际关系大师卡耐基堪称高手，他讲过这样一件事：

他每季度都要在纽约的某家大旅馆租用大礼堂20个晚上，用以讲授社交训练课程。

有一个季度，他刚开始授课时，忽然接到通知，房主要他付比原来多3倍的租金。而这个消息到来以前，入场券已经印好，而且早已发出去了，其他准备开课的事宜都已办妥。

很自然，他必须去交涉。怎样才能交涉成功呢？他们感兴趣的是他们想要的东西。两天以后，他去找经理。

“我接到你们的通知时，有点震惊。”他说，“不过，这不怪你。假如我处在你的位置，或许也会写出同样的通知。你是这家旅馆的经理，你的责任是让旅馆尽可能地多赢利。你不这么做的话，你的经理职位难得保住，也不应该保得住。假如你坚持要增加租金，那么让我们来合计一下，这样对你有利还是不利。”

“先讲有利的一面，”卡耐基说，“大礼堂不出租给讲课的而是出租给举办舞会、晚会的，那你可以获大利。因为举行这一类活动的时间不长，他们能一次付出很高的租金，比我这租金当然要多得多。租给我，显然你吃大亏了。现在，再来考虑一下不利的一面。首先，你增加我的租金，却会降低收入。因为实际上等于你把我撵跑了。由于我付不起你所要的租金，我势必再找别的地方举办训练班。还有一件对你不利的事实，这个训练班将吸引成千上万的有文化、受过教育的中上层管理人员到你的旅馆来听课。对你来说，这难道不是起了不花钱的活广告的作用吗？事实上，假如你花 5000 元钱在报纸上登广告，你也不可能邀请这么多人亲自到你的旅馆来参观，可我的训练班给你邀请来了。这难道不合算吗？”

讲完后，卡耐基准备告辞了：“请仔细考虑后再答复我。”当然，最后经理让步了。

卡耐基在说服的过程中，没有谈到一句关于他要什么的话，而是站在对方的角度想问题。

可以设想，如果他气势汹汹地跑进经理办公室，提高嗓门叫道：“这是什么意思！你知道我把入场券印好了，而且都已发出，开课的准备也已全部就绪了，你却要增加 300% 的租金，你不是存心整人吗？300%！好大的口气！你病了！我才不付哩！”

想想，那该又是怎样的局面呢？大争大吵必然砸锅，不用说你也会料到争吵的必然结果：即使卡耐基能够辩得过对方，凭旅馆经理的自尊心，也很难使他认错而收回原意。

先满足别人，再满足自己

没有人会随便听从你的意见或建议，除非你谈论的是对方最感兴趣的话题。否则，你甭想说服他人。

说服有方的人总能找到成功的捷径，那就是先满足别人再满足自己。他们也总是能从中获取不少的利益，甚至反败为胜。

日本有一家报社，有一次调换总编辑。新来的总编辑没有在报界担任过职务，甚至没从事过一天最基层的采访工作。他知道大家不服气，上任第一天，他便在“就职演说”中笑着对大家说：“我来咱们报社，别说做总编辑，就是当资料室职员的资格恐怕也不够，因为关于资料的调查统计，我只对经济方面略知皮毛。我有一个意愿，体验一下做记者的艰辛，希望坐坐新闻记者的大车。同时，也希望由于坐了大车就得到各位外勤同事的体验，将来去某银行请求他们合作，替本报同事办一下郊区购房分期付款。”

新来的总编辑愿意体验他们的辛苦，更重要的是他竟对解决大家一直揪心的住房问题这么热心。不拥护这样的总编辑，还能拥护谁呢？他的话未讲完，席上已是掌声一片，大家都开始支持他了。

一位女歌星打算到东南亚表演歌舞，需要一两个短剧本。她知道香港有一位很令她仰慕的作家，她想：“要是他能够为自己主笔就太好了！”但这女歌星也知道，虽然这位作家学贯中西、文笔风趣，但他脾气古怪，而且工作也很忙。

于是，这位歌星打电话给她的朋友，说她已得到某导演的介绍，当晚要和这位作家共进晚餐，然而她不知道怎样向他开口提出请求。

“你打算请他写些什么短剧？”

“随便他好了，只要他肯写就行。”

“这样子不好，他不了解你的爱好，可能写得不理想。等到他写好之后，你发觉不理想而又要请他修改时，问题便会变得严重了！”

“我最想请他替我写哑女奇缘，不过要有新的内容，不要老的故事。”

“这样很好，他以前写过不少这类东西。你只需说知道他写过这些剧本，十分崇拜就行。”

过了两天，这位歌星给她朋友回电话，很高兴地说：“他不等我提出要求，便答应替我写两出短剧了。”

她朋友问：“你们在晚餐时，他一直在谈论他过去那些得意之作，是不是?”

“你猜得对，我主要是讲了他的作品在内地怎样受人欢迎。”

这就是说服中迎合别人的兴趣所产生的成功!

在其他的说服过程中，何尝不是如此？你是否曾注意到别人的兴趣？与人交往，你是否曾做过这方面的努力？有些人天生就说服有方，这当然很好。但如果不是天才的话，那就需要学习了。

大凡了解罗斯福的人，无不惊奇于他知识的广博。无论是一个牧童、猎人、政客，还是一位外交家，罗斯福好像都明白该同他谈些什么。他是如何做到这一点的呢？其实答案很简单。罗斯福在每接见一位来访者之前，都会花上一定的时间，了解有关这位客人特别感兴趣的东西。有时，即使开夜车也一定要找到令这人感兴趣的话题。

同所有的领袖一样，罗斯福深谙与人沟通的诀窍：谈论对方最有兴趣的话题。前耶鲁大学教授菲尔普斯早年就有过这种体会。他在一篇关于论人性的文章中写道：

“我 8 岁那年，有个周末，我去看望我的姑母林兹莱，并在她家度假。有一天晚上，一个中年人来访。他与姑母交谈之后，便将注意力转向我。当时，我正巧对船很感兴趣，而这位客人谈论的话题似乎都离不开船。他走后，我向姑母热情地称赞他，说他是一个多么好的人，对船是多么有兴趣！而我的姑母告诉我说，罗斯福是一位纽约的律师，对有关船的知识其实一点兴趣也没有。但他为什么始终与我谈论船的事情呢？姑母告诉我，因为他是一个人品高尚的人。他见你对船感兴趣，所以就谈论能让你喜欢并感到愉快的话题，同时也使自己为人所欢迎。”

在商业领域，多谈些有关别人感兴趣的话题也是一种很有价值的交流方法。只有这样，你才能更轻松地赚到钱。

杜弗诺先生是纽约一位面包经营商，他千方百计地想将公司的面包卖给纽约的一家旅馆。4 年来，他每星期都去拜访一次这家旅馆的经理，参加这位经理举行的所有活动，甚至在这家旅馆中订了房间住在这里，以期做成自己的买卖。但是，他还是失败了。后来，在了解了说服的玄机之后，他决定改变做法。首先，他打算找出这个人最感兴趣的是什么，看什么事情能引起他的热心。经过一番周折之后，杜弗诺先生了解到此人是美国旅馆协会的会员，十分向往成为该会的会长，因为他想升为国际招待员协会的会长。所以，不论在什么地方召开此类大会，他总会想方设法参加。

杜弗诺先生说："第二天，我一见到他，就开始谈论关于旅馆协会的事。我得到的是一种多么热烈的反应！他对我讲了很长时间关于旅馆协会的事，他的声音极富热情。我可以清楚地看出，这确实是他很感兴趣的爱好。在我即将离开他的办公室时，他劝我也加入这个协会。这次谈话中，我没有提关于面包长短一个字。但几天后，他旅馆中的一位负责人给我打来电话，要我带着货样及价目单前去见他。"

"真不明白你对我们老板做了些什么事，"这位负责人不解地对他说，"但你的招数的确十分有效。"

事后，杜弗诺感慨地说："我对这人穷追了四年，尽力想赢得他的买卖。如果不是我想方设法地去找他所感兴趣的东西，恐怕我现在还不会有任何结果。"

所以，如果你要想说服他人，想让他人对你产生兴趣，切记：如果你需要别人做事或要别人听从你的劝告，你就要首先满足别人的喜好。

说假话，是为了迎合他的心

说“假话”的关键是假戏真唱，态度诚恳，不要犯对方的忌讳。

有这样一则故事：

有一位衣着华美的夫人去时装店买衣服，对一套时装产生很浓的兴趣，但又觉得价格昂贵，犹豫不决。

这时，一位营业员走过来对她说：“您的眼光真是不一般，刚才某部长也看上了这套时装。和您一样，她也觉得这套时装有点贵，刚走。”于是，这位夫人当即买下了这套时装。

这位营业员很巧妙地抓住这位夫人“自己所见与部长略同”和“部长嫌贵没买，要与部长攀比”的心理，用“激将”的方法，巧妙地达到“让这位贵妇买下时装”的目的。

由此可见，这位营业员能够摸准对方的心理，说了一句“假话”，迎合了那位夫人的心，从而赢得了商业利润。在人际交往中，何尝不是这样。要想受人欢迎，就要时刻注意给对方留面子。要给人留面子，就需要说一些善意的假话。因此，不管是直言还是谏言，总之，在说真话的时候，都必须事先考虑对方的容忍度和发言时机。

在现实生活中，也很少有人会因为说过直言、令人不悦的话，而使自己获得过好处。这是成功处世的经验之谈。即使想要说的都是为对方着想的忠告之言，但对方通常在听了之后，不是感谢你而是不喜欢你。要想把话说得让人爱听，必须首先搞清楚这个事实。

日本有一家关西药房，这家药房的老板特别善于“给人面子”。不管是真话还是假话，只要从他嘴里说出来，总是那么动听，因而生意兴隆。每当顾客一上门，他就马上起身相迎，满脸带着笑容客气地打躬作揖说“欢迎光临”。进店来的顾客感到心情愉悦，产生被人重视的满足感。接下来，药房老板开始发自内心地说他的假话，如对于年纪大的人，就说“你看起来真年轻”；对于爱美喜欢打扮的小姐太太，就说些“你身上穿的这套衣服很漂亮”

之类令人听了舒坦又温馨的话。

此外，这位药房老板还采取了一种近乎奇怪的“不卖药给来买药的顾客”的经营原则。当顾客被客气地招呼过，浑身舒坦地说：“请给我一瓶感冒药。”此时，药房老板绝不会立刻递上感冒药，而是改口说：“您是哪里不舒服？”倘若顾客回答：“喉咙痛。”药房老板马上会接着说：“这样子的话，最好不要服用感冒药。”然后，他就不卖药给顾客。这时，顾客一定对药房老板不卖药的举动大感疑惑而纳闷地问：“那么，应该如何才好呢？”

药房老板就会说：“与其吃药，不如以营养剂来强健身体，增强自身的免疫力，对你的感冒会更有好处。”药房老板就这样轻而易举地说服来买药的顾客转而购买维他命或蜂王浆等营养品。顾客因为药房老板方才巧妙地给过自己面子，也就欣然接受建议，况且营养剂给人的印象，的确是比药品来得好。

到了这儿，想必诸位也料到其中的奥妙。不错，营养剂的价钱胜过药品数倍，而且对于治感冒来说，营养品肯定比不上感冒药。但由于药房老板的假话说得态度诚恳，令顾客信服，使得老板卖出了更多的营养剂，药房生意也就自然红火。原先不知道如何说假话的，你现在应该清楚如何发自内心地说好假话了吧！更明白为什么要学会对上司说假话了吧！

作为拥有一定权力的上司，在他们漫长的人生旅途上，难免有一些人会背叛他，或是得了他的好处却不知报答……所以，久而久之，他们对别人都不太敢推心置腹了。像这种人如果遇到比自己能力强的属下时，就会感到很不高兴。他们觉得属下永远比自己差一截才会有成就感，因此，他们只会提拔那些能力比自己低的属下。然而，一旦发现属下的能力可能高于自己时，立刻就会显得坐立不安，甚至会对属下施加压力。因此，当你的才能高于上司时，千万不可锋芒毕露，以免引发上司的猜忌之心。

同样的道理，与这样的上司打交道时，必须时刻小心才是。当上司问你任何一个问题时，在你的脑海里都要很快闪过这类念头：他提问的真正“目的”何在？然后，针对他的“目的”具体地回答，而并非问什么都如实地回答。该说假话时就大胆地说，不要有什么不好意思。当然，这里也不是全对上司说假话，而是说你应该说的话。

不要触及对方的痛处

暴露自己的隐私，对任何人来说，都不是令人愉快的事。不去提及他人平日认为弱点的地方，才是待人应有的礼仪。别用侮辱性的言语攻击他人身上的缺陷。

在中国，素有所谓“逆鳞”之说。即使面对再驯良的龙，也不可掉以轻心。龙的喉部之下约直径一尺的部分上有“逆鳞”，全身只有这个部位的鳞是反向生长的。如果不小心触到这一“逆鳞”，必会被激怒的龙所杀。其他的部位任你如何抚摸或敲打都没关系，只有这一片逆鳞无论如何也接近不得。即使轻轻抚摸一下，也犯了大忌。

所以，我们可以由此得知，无论人格多高尚多伟大的人，身上都有“逆鳞”存在。只要我们不触及对方的“逆鳞”，就不会惹祸上身。所谓“逆鳞”，就是我们所说的“痛处”，也就是缺点、自卑感。在人际关系的发展上，我们有必要事先研究，找出对方“逆鳞”所在的位置，以免有所冒犯。

然而，世间的性格类型是千奇百怪的。我们说左，他说右，那我们说右嘛，他偏又非说左不可。像这样永远和别人唱反调的人也不少。就算不至于如此偏激，但也有人总固执地坚持自己的立场，或自己的意见明明是少数意见，却绝不接受他人的任何意见，也有人顽固地认定只有自己的做法和想法才是天底下最正确的。当然，也有掩藏自己心底而企图试探对方的心意，不惜唯唯诺诺，奉承拍马，迎合对方口气，一探虚实的人。

疮疤不能抠，越抠越会发炎，难免会使伤口变得更大。触人痛处，犹如抠人疮疤，其结果就犯了人与人相处的大忌，得罪了别人，自己也捞不到什么好处。所以，要想把话说到别人的心坎儿上，说得别人都爱听，不揭别人的伤痛，除了不揭人短之外，还要特别注意“避人所忌”。具体说来，以下三个方面应该特别注意：

第一，不要主动揭露别人的稳私。不论是谁，都有一些不愿让别人知道的秘密。尊重别人的隐私，是尊重他人人格的表现。所以，当你与别人交谈时，切勿鲁莽地随意提及别人的隐私。这样一来，别人就会觉得你遵循了待人处世中人际交往的“礼貌原则”。因此，便会乐意跟你交谈和交往。相反，如果你毫不顾及别人的感受，不顾及别人保留隐私的心理需要，盲目触及“雷区”，不仅会影响彼此之间谈话的效果，而且别人还会对你产生不良印象。下一次，别人也不会再愿意与你共事，进而损害你和别人的关系。比如，别人的婚姻、事业正遭遇某种挫折。这种事情，当事人一般是不愿意让别人知道的。如果你意识不到这一点，而是在交谈中一味地刨根问底，肯定会让对方很不高兴，引起对方的反感。

第二，不要主动提到别人的伤感事。与别人交谈的时候，要留意别人的情绪，话题不要随意触及对方的“情感禁区”。比如，当你的交谈对象正遇到某种打击，情绪沮丧低落时，你与之交谈，对方又不愿主动提及伤感的事，你最好躲避伤感类的话题，说些开心的事情，让对方也高兴起来。

第三，不要主动提及别人的尴尬事。当别人在生活中遇到某些不尽如人意的事时，你若与之交谈，最好不要主动引出这一有可能令对方尴尬的话题。比如，别人正遇上升学考试不及格或提拔升迁没能如愿或某项奋斗目标未获预期的成功等，虽然你对这些事情知道得一知半解，但别人却不愿主动向你诉说时，你若不顾别人的感受而主动问及此事，你的交谈对象就会陷入尴尬，进而对你的谈话产生排斥心理，在心里对你留下不好的印象。

说话不能直来直去

做人正直很有必要，但说话一味直言就不太可取了，因为不适当的直言如同反面说话一样，是一种消极和否定的语言暗示，不是使人抵触反感，就是使人顾虑重重，增加心理压力。

不懂玩“心眼”的人总是说话直来直去，不仅会伤人自尊，也会反伤自己。而有“心眼”的人往往习惯于委婉表达，如同春风袭人般的温存。温言几句既让人喜欢，也能让自己快乐。

如医生给人看病，遇到病情较严重而又诊治不及时的病人，就直言道：“你怎么这么瘦哇！脸色也很难看！”“你知道你的病已经到了什么地步了吗?”“哎呀！你是怎么搞的？你这个病为什么不早点来看哪！”这些说法里所包含的消极作用会使病人怎么想呢？作为医生，这是“治病”还是“致病”呢？相反，如果换一种方式说：“幸好你及时来看病，只要你按时吃药，多注意休息，放下思想包袱，相信你很快就会好起来的。”这将给病人很大的鼓舞。

又如，妻子买了一件衣服征求丈夫的意见，丈夫觉得妻子穿这件衣服不太合适。如果丈夫不尊重体贴妻子的心情，就会直接批评说：“你看你的审美观真成问题，一把年纪了还穿这么鲜艳的衣服，岂不成老妖婆了?”这样生硬、贬损的话必定会伤害妻子的自尊心。如果丈夫尊重、体谅妻子的心情，就会把否定的意见说得委婉得体，给予暗示：“不错，颜色真鲜艳，给女儿穿，那是很漂亮的。”

当你去拜访朋友，主人热情地拿出水果、零食招待你，而你却直言说：“不吃，不吃，我从来就不喜欢吃零食。再说，我刚吃完饭，肚子饱得很，哪还有胃口吃这些东西。”这样说，不仅让人扫兴，而且还伤了主人的自尊心。你应该体谅到主人的一片热情和好意，委婉地说：“谢谢，谢谢！多新鲜的水果，多香的糖，只可惜刚吃完饭，没有胃口吃了，太遗憾了!”

总之，委婉说话不仅是一种策略，也是一门做人的艺术。说话委婉含蓄是做人有“心眼”的必要条件，也是待人灵活的具体表现。作为一个现代人，应当有这种文明意识，掌握这一有利于人际交流的语言表达方式是十分必要的。

“模糊”语，最有“弹性”

有一天，玛丽小姐正在屋里休息，忽然听到门外有声音。她打开门一看，却见一个持刀的男人杀气腾腾，恶狠狠地看着自己。是入室抢劫，还是杀人逃犯？

玛丽不禁倒吸了一口凉气，心里打了一个冷战。她灵机一动，迅速恢复平静，微笑着说：“朋友，你真会开玩笑！是卖菜刀吧？我喜欢，我要买一把……”边说边让男人进屋，接着说：“你很像我过去一位好心的邻居，看到你真高兴，你是喝咖啡还是茶……”本来满脸杀气的歹徒，渐渐腼腆起来。

他有点结巴地说：“谢谢，哦，谢谢！”

最后，玛丽真的“买”下了那把明晃晃的菜刀。陌生男人拿着钱，迟疑了一会儿，真的走了。在转身离开的时候，他说：“小姐，你改变了我的一生！”

生活中还有一类问题，也是我们怎么回答都不对的。面对这样的问题，聪明的人通常会想办法巧妙地避开。

我国古时候，有一个县官很喜欢附庸风雅。尽管他画画技艺不佳，但兴致很大。他画的虎不像虎，反而像猫，并且他还每画完一幅作品，都要在厅堂内展出示众，让众人评说。大家只能说好话，不能说不好听的话。否则，就要遭受惩罚，轻则挨打，重则流放他乡。

有一天，县官又完成了一幅“虎”画，悬挂在厅堂，又召集全体衙役来欣赏。

“各位瞧瞧，本官画的虎如何？”

众人低头不语。县官见无人附和，就点了一个人说：“你来说说看。”

那人战战兢兢地说：“老爷，我有点怕。”

县官：“怕，怕什么？别怕，有老爷我在，怕什么？”

那人：“老爷，你也怕。”

县官：“什么？老爷我也怕。那是什么？快说。”

那人："怕天子。老爷，你是天子之臣，当然怕天子呀！"

县官："对，老爷怕天子，可天子什么也不怕呀！"

那人："不，天子怕天！"

县官："天子是老天爷的儿子，怕天，有道理。好！天老爷又怕什么？"

那人："怕云。云会遮天。"

县官："云又怕什么？"

那人："怕风。"

县官："风又怕什么？"

那人："风又怕墙。"

县官："墙怕什么？"

那人："墙怕老鼠，老鼠会打洞。"

县官："那么，老鼠又怕什么呢？"

来人："老鼠最怕它！"来人指了指墙上的画。

新来的差役没有直接说县太爷画的虎像猫，而是从容周旋，借题发挥，绕弯子似的达到了批评的目的。

清史上有一个传说。清代著名学者纪晓岚机智过人。有一次，乾隆想开个玩笑为难纪晓岚，便问他："纪卿，忠孝怎么解释？"

纪晓岚答："君要臣死，臣不得不死，为忠。"

乾隆立即说："我以君的身份，命你现在去死！"

"这……"纪晓岚没料到他竟然会这么说，"臣领旨！"

"你打算怎样死？"

"跳河。"

"好，去吧！"

但纪晓岚走了一会儿，又跑回来了。

乾隆问："纪卿，你怎么没死？"

纪晓岚答："碰到了屈原，他不让我死。"

"此话怎讲？"

"我到河边，正要往下跳时，屈大夫从水里出来，拍着我的肩膀说：'纪晓岚，你这就不对了。想当初，楚王是昏君，我不得不死。你应该先问问当今皇上是不是昏君，如果皇上说是，你再死也不迟啊！'"

就凭这一句，不仅抑制了皇帝的"圣旨"，也化解了困境。

巧妙回避不宜直言的问题，还有很多种不同的方式。你可以采用类比的方式，借助事实说话；也可以含糊其词，在一些不必要、不可能或不便于把话说得太实太死的时候，利用"模糊"语言让你的表意更有"弹性"。

第七章

祸从口出：动嘴之前先动脑

古训道："是非只因多开口，烦恼皆由强出头。"交浅不可言深，言多必失。所以，话到嘴边要三思，只说该说的话。常言又道："祸从口出。"因此，为人处世一定要给嘴巴安把锁，什么可以说，什么话不能说，都要动嘴之前先动脑。一旦说错了话，只能是引火烧身。所以，说话之前一定要动动脑子。

管好舌头，不该说的绝不说

说话，要懂得什么时候说什么话。说了，还要为自己说过的话负责。不巧言，不令色。

舌头是人之利器，也是人之祸害。无论你是吃硬饭还是吃软饭，舌头能帮你也能害你。所以，管不好自己的舌头，就要面临祸从口出的灾难！

有些人心里藏不住话，听到什么、看到什么就爱四处传播，这是一个很没有“心计”的人。中国有句俗话：“病从口入，祸从口出。”由此可见，许多是非往往是我们多嘴多舌造成的。

在我们的日常生活中，舌头惹出的风波太多了。不负责任的背后瞎说，毫无根据的怀疑猜测，不经调查的轻信乱传，东拉西扯的闲言碎语，都会给许多人造成痛苦和烦恼，给人世间增添许多是非和不幸。当然，在给别人带来不幸的同时，往往最终自己也受到恶报。

“害人的舌头比魔鬼还厉害……上帝仁慈为怀，特地在舌头外面筑起两排牙齿、两片嘴唇，好让人们在开口讲话之前多加考虑。”这是文学家的语言，意思是说，我们在说话之前要多加考虑，要负责任，不能出口伤人。

其实，言为心声，语言受思想支配，反映一个人的品德。不负责任地胡说八道，造谣中伤，搬弄是非等，都是不道德的。能管住自己的舌头，就是做人最大的成功之一。

有些人喜欢在同事间说三道四，这样做既影响团结，又降低自己的威信。说人坏话是人际应酬的一大忌。常有一些同事聚在一起，喜欢谈论的就是那些不在场人的是非。一提到这些议人长短、论人隐私的话题，大家就显得兴致勃勃，现场的气氛也随之热烈起来。但是，这种无聊的话题却一点也不值得声张。不论你说的话题有没有恶意，到最后都会变成让人不舒服的坏话。

而且，这种搬弄是非、道人长短的话很容易传到对方耳中。即使听到这些话的人并非故意去传播，还是会直接或间接地传入当事人耳中，而且往往已被添油加醋，不堪入耳。这正是：“好事不出门，坏事传千里。”

运气不好的时候，你说的话正好被当事人当场听到，或被与当事人关系密切的人听到。而且，被听到的内容并非一清二楚，而是断断续续的话，这中间没听到的部分可就任凭别人想象了。在这种情况之下，一根鹅毛被听成一只鹅也不稀奇。

总括起来，说坏话的危害主要有三点：

一是说人的坏话很快就会传出去，因为人们都愿意用传话的方式表示跟他人亲近。另外，容易引起你不满的那些事情也可能早就引起他人的不满，只不过人家聪明一些，不讲而已。他们一旦发现你在说这样的话，求之不得。他们找到了代言人、炮筒子，立即以你的名义，说这种意见是你说的，快速向外传播。这样一来，就很容易使你与他人之间产生矛盾。你多了敌对面，多了前进的阻力。那些被你中伤的人，一有机会就会给你使绊子。

二是对心中不平的事，总挂在心上、嘴上，容易使自己更加不平，远不如干脆忘掉。总感到不平的人容易生病，对自己的身心健康不利。

三是有这种毛病的人，极易损毁自己的形象，使人不敢接近你，不得不提防你。

背地里说别人坏话，是智力愚钝的表现。你背后说他人坏话，别人就可能在背后说你的坏话。因此，要看清说他人坏话的危害，杜绝这种坏毛病，才不会招惹是非。

把话说巧，需经大脑这扇门

要把话说得滴水不漏，就要经过大脑这扇门。这是支撑语言好坏的最佳窍门。只有在说话之前，在脑子里多打几个滚，这时说出的话才是明智的，不让人心服口服是不可能的。

春秋时的晋国，自晋文公即位后，发愤图强，使得国家迅速兴盛起来，成为春秋时的一大强国，晋文公也成了一代霸主。可接下来，晋襄公、晋灵公却不思进取，只图享乐，晋国的霸主地位不知不觉地就被楚庄王代替了。

晋灵公即位不久，便大兴土木，修筑宫室楼台，以供自己和嫔妃们享乐游玩。他还挖空心思想，要建造一座9层的楼台。可以想见，如此庞大复杂的工程，要耗费多少人力、物力！可灵公不顾一切，征用了无数的民工，花费了巨额的公款，持续了几年，也没有能完工。全国上上下下，无不怨声载道。这位晋灵公还明令宣布：“有哪个敢提批评意见，劝阻修造9层之台的，立斩不赦！”

一天，大夫孙息求见。灵公料定他是来劝谏的，便拉开弓，搭上箭，只要孙息开口劝说，他就要射死孙息。谁知，孙息进来后，像是没看见他这架势一样，非常轻松自然，笑嘻嘻地对灵公说：“我今天特地来表演一套绝技给大王看，让大王开开眼界，散散心。大王您感兴趣吗？”

灵公一看有玩的，就来精神了，问：“什么绝技？别卖关子了，快表演给我看看。”

孙息见灵公上钩了，便说：“我可以把12个棋子一个个叠起来后，再在上面加放9个鸡蛋。不信，请看。”说着，便真的玩起来。他一个一个地把12个棋子叠好后，再往上加鸡蛋时，旁边的人都非常紧张地看着他。灵公禁不住大声说：“这太危险了！这太危险了！”

孙息一听灵公这样说，便趁机进言，说：“大王，还有比这更险的呢！”

灵公觉得奇怪，因为对他来说，这样子已经是够刺激、够危险的了，还会有什么更惊险的绝招吗？便迫不及待地说：“是吗？快让我看看！”

这时，只听见孙息一字一句、非常沉痛地说："9 层之台，造了 3 年，还没有完工。3 年来，男人不能在田里耕种，女人不能在家里纺织，都在这里搬木头、运石块。国库的金子也快花完了。兵士得不到给养，武器没有钱铸造。邻国正在计划乘机侵略我们。这样下去，国家很快就会灭亡。到那时，大王您将怎么办呢？这难道不比垒鸡蛋更危险吗？"

灵公一听，猛然醒悟，意识到了自己干了多么荒唐的事，犯了多么严重的错误，便立即下令，停止筑台。

孙息一番智慧话，让灵公停止了筑台。由此可见，话有多种说法，把话说得到位，让人爱听，这就需要说之前在大脑里思考一番。生活在现代社会里，我们天天都要说话，把话说好，说得有智慧，都要经过大脑，才能办好事情。

下面这个女公关就是一个懂思考会说话的人，因而总能把事办成：

一次，一位女公关负责陪同一位澳门华侨公司女经理在上海参观游览，上司要求这位女公关要设法款待一次女经理。结果，在参观游览城隍庙时，经过两家饭店，这位女公关向华侨女经理两次询问："夫人，肚子饿吗？"

华侨女经理客气地摇摇头。出了城隍庙，经过"老饭店"，女公关眼看女经理就要登车回宾馆就餐了，于是换了一种说法："夫人，早上出来，怕您等我，我未来得及吃早饭，只吃了两块饼干，就来接您了。现在，我倒饿了，您能陪我吃点吗？"华侨女经理听了，欣然点头……

这位女公关就很有办法，求你不行，让你陪我总该给个面子吧！我们平常说话办事时，也少不了会遇到这种场合。好容易办一桌酒席，可惜请人不到，既丢面子又丢钱。俗话说："请客不到，两家害臊。"如果像这位女公关一样，从另一个角度发出邀请，死不开面的人可能不会有吧。

多说好听话，不惹事

有句老话叫作“祸从口出”，为人处世一定要把好口。什么话能说，什么话不能说，什么话可信，什么话不可信，都要在脑子里多绕几个弯子，心里有个小九九。

做人要做到该说的话留一点，不该说的不开口。这是因为，说出去的话，无法收回。既然说了，就要为自己说过的话负责。任何人也无法预测一句话会造成什么样的影响，说不定哪句不该说的话被你说出口后，会为你惹来不必要的麻烦。所以，在说话之前，必须深思熟虑。

从前有一个财主，因晚年得子而兴奋不已。他决定在儿子生日那天大宴宾客。

当天，财主问前来道喜的客人说：“你们看这孩子将来会怎么样?”

一位客人答道：“这孩子眉宇间散发出一种贵气，将来定能当大官!”财主听后，笑得合不拢嘴，奖赏了他。

财主又问另一个客人说：“依你之见，我的儿子将来会怎么样?”这位客人回答说：“看这孩子的面相，即是大福大贵之人，将来肯定能发大财!”财主听后，又是欣喜万分，当场奖赏了这位客人。

财主又问第三个客人：“你看我的孩子将来会怎么样?”这位客人却毫不客气地说：“将来他肯定会死。”财主一听，顿时火冒三丈，气急败坏地命人把他毒打一顿，赶出大门。

由上面的故事看，说好听话的人，财主高兴而奖赏了他；说难听话的人，受了一顿毒打。因此，说话一定要多说好话，才能招人喜欢。

人，总是要面对生活的。生活中，真实是重要的，真诚更加重要，这对人生、对社会无疑是有更大价值的。然而，我们所处的社会是纷繁复杂的。大家都是凡人，都期望能出人头地。每个人心中都有这样那样的欲望和念头，不加选择、不分对象、不分场合地把什么都和盘托出，那只会招来祸患。只有把握一定的原则，把握好其中的分寸，你才会成为一个受人欢迎的人。

灾祸往往出自于口，无论你身处什么位置，也不管你财富有多雄厚、势力有多强大，口既能帮你平步青云，也能让你遗臭万年。所以，管好自己的嘴，该说的说，不该说的不说，这样你就会少一些麻烦、多一些平安。

说话应谨慎，只说该说的话

古训道："是非只因多开口，烦恼皆由强出头。"交浅不可言深，言多必失，所以，话到嘴边要三思，只说该说的话。

孔子观于后稷之庙，有三座金铸的人像，多次闭口不说话，就在它的背上铭刻了几句名言："古之慎言人也，戒之哉！无多言，无多事。多言多败，多事多害。"

孔子铭刻"无多言，无多事"，就是劝诫人们：为人宁可保持沉默寡言的态度，不骄不躁，宁可显得笨拙一些，也绝对不可以自作聪明，喜形于色，溢于言表。

《法华经》曰："言多语失。"说话应谨慎，舍弃那些不可说的话，而只说应说的话。

吕莲和尚在给其信徒的一封信中写道："祸从口出而使人身败名裂，福从心出而使人生色增光。"它的意思是：有时说话的人并无恶意，但对听者而言，却可能伤及他的自尊心。所以，劝诫人们说话应谨慎，只说该说的话。

说话得体，则让人高兴；反之，只会让人伤心。就是同一个意思的话，出自两个人之口，听起来也有区别。你自己信口开河，根本意识不到会伤害人，但别人却认为你是有意的，如俗话所说"口乃心之门"，你明显是故意伤害他。

子曰："君子欲讷于言而敏于行。"有道德学问之人，说话谨慎，工作勤勉。这句话强调了实际行动的重要，为人处世应少说话多做事。

在日常生活中，一个人光说不做，或只会说话不能付诸行动，久而久之，只会让人生厌。俗话说："言多必失。"多说话比起多做事往往给人以夸夸其谈的印象，倒不如少说话，踏踏实实地多做实事，则让人感觉勤奋踏实，值得信任。一个人只有做行动上的巨人，少言多思，才能取得成就。

另外，人处在不同的状态下，讲话的心情不同，话的内容也会不同。心情愉快的时候，看事看人也许比较符合自己的心思，故而赞誉之言可能会多；

有时心情不愉快，讲起话来不免会愤世嫉俗，讲出许多过头的话，招来很多麻烦。

言谈的灾祸，主要表现在以下几个方面：一是对国事、政事的滥发议论，所以在以前的茶馆及旅店门上挂有“莫谈国事”的牌匾；二是对身边的人和事评头论足，正是这种不考虑后果的高谈阔论，惹怒了上司和同事，从而埋下了灾祸的导火线；三是在众人之中鼓唇弄舌，搬弄是非，像长舌妇一样，今天道东家长，明天说西家短，这种缺少修养的言谈，没有不遭到报复的。说话能把握分寸，说得恰到好处，是一种修养、一种水平。既不能喋喋不休，口若悬河，又不能该说话时却沉默寡言。由此可见，言谈能反映出一个人为人处世的涵养功夫，要把握好分寸和态势。

言多者必有所误，所误必有所失。为人处世，不可言多，道理自在。沉默，从表面上看好像显得愚钝木讷，其实不然；沉默是一种修行，能为自己镀上一个保护层。

揭人之短，让你吃不了兜着走

俗话说得好："打人不打脸，揭人不揭短。"要想与他人友好相处，就要尽量体谅他人，维护他人的自尊，避开言语"雷区"，千万不要揭人之短。

与人交谈时，忌谈他人的隐私和对方的尴尬之事。否则，会影响谈话效果，损害人际关系。如果遵循了这些"礼貌原则"，不随意触及对方的"情感禁区"，会使谈话顺利地进行下去。

寒暄客套的话谁都能说，但并不是谁都会说。一不小心，也许你就踏进了言语的"雷区"，触到了对方的隐私和短处，犯了对方的忌讳，对听话者造成一定的伤害。其实，每个人都有所长，亦有所短。待人处事的成功，一个很重要的因素就是善于发现对方身上的优点，夸奖对方的长处，而不要抓住别人的隐私、痛处和缺点大做文章，以免破坏团结、破坏友谊。

有这样一个同事聚会：

一天，几位同事在一起喝酒。小李为了表达对小张取得骄人成绩的钦佩之情，举杯倡议道："我建议，为小张的成功干杯！"

之后，小李又说："总结小张的曲折经历，我得出这样一个结论——凡是成大事的人，必须具备三证！"

众人惊异地问道："哪三证？"

小李提高嗓门喊道："第一是大学毕业证，第二是监狱释放证，第三是离婚证！"

话音刚落，众皆哗然。这三证中的后两证无疑是小张的忌讳，而小李却毫无遮拦地把它们说出来了。小张不想让别人知道，而小李却把它们捅了出来。此后，两人老死不相往来。

这就告诉我们，即使是非常要好的朋友、同事，说话也要有点"心计"，注意避开那些"焦点"问题。"人要脸，树要皮。"每个人都是有自尊的，每个人的心里都有一块自留地。我们必须尊重别人，不能开那些伤人自尊的玩笑。

“揭短”，有时是故意的，那是互相敌视的双方用来作为攻击对方的武器。“揭短”，有时又是无意的，那是由于某种原因一不小心犯了对方的忌讳。有心也好，无意也罢，在待人处事中揭人之短都会伤害对方的自尊，轻则影响双方的感情，重则会发生冲突。

明太祖朱元璋出身贫寒，做了皇帝后自然少不了有昔日的穷哥们儿到京城找他。这些人满以为朱元璋会念在昔日共同受罪的情分上，给他们封个一官半职。谁知，朱元璋最忌讳别人揭他的老底，以为那样会有损自己的威信，对来访者大多拒而不见。

一天，有位朱元璋儿时一块光屁股长大的好友，千里迢迢从老家凤阳赶到南京，几经周折总算进了皇宫。一见面，这位老兄便当着文武百官大叫大嚷起来：“哎呀，朱老四，你当了皇帝可真威风呀！还认得我吗？当年咱俩可是一块儿光着屁股玩耍，你干了坏事总是让我替你挨打。记得有一次，咱俩一块偷豆子吃，背着大人用破瓦罐煮。豆还没煮熟，你就先抢起来，结果把瓦罐都打烂了，豆子撒了一地。你吃得太急，豆子卡在嗓子眼儿，还是我帮你弄出来的。怎么，不记得啦！”

这位老兄还在那喋喋不休唠叨个没完，宝座上的朱元璋再也坐不住了，心想此人太不知趣，居然当着文武百官的面揭我的短处，让我这个当皇帝的脸往哪儿搁。盛怒之下，朱元璋下令把这个穷哥们儿杀了。这就是令他人脸上挂不住的下场。

人世间没有十全十美的人，凡人皆有其长处，也难免有短处。给人留面子就是给自己留后路，俗话说：“人有脸，树有皮。”这所谓的“脸”，就是一个人的自尊和尊严。那么，怎样才能做到不“揭人之短”呢？

第一，必须通晓对方，做到既了解对方的长处，也了解对方的不足，这样才能在交际中做到“知己知彼，百战不殆”。每个人都会有自己的个性和习惯、需求和忌讳，如果你对交际对象的优缺点一无所知，那么交际起来就会“盲人骑瞎马”，难免踏进“雷区”，触犯对方的隐私。

第二，要善于择善弃恶。要多夸别人的长处，尽量回避对方的缺点和错误。“好汉愿提当年勇”，又有谁人愿意提及自己不光彩的一页呢？特别是如果有人拿那些不光彩的问题来做文章，就等于在伤口上撒盐，无论是谁都不能忍受。

第三，指出对方的缺点和不足时，要顾及场合，别伤对方的面子。

第四，巧给对方留面子。有时候，对方的缺点和错误无法回避，必须直接面对。这时，就要采取委婉含蓄的说法，淡化矛盾，以免发生冲突。

此外，在许多情况下，经常有人是“常有理不见得会说话”，自己占理却总是说不到点子上。所以说，要想把话说到别人的心坎上，除了不揭人之短之外，还要特别注意“避人所忌”。

每个人都有一些难以启齿的忌讳，每个人都不愿意别人触及自己的忌讳。忌讳如同永不结疤的伤痕，虽然常常被淹没在深处，但当有人去掀动它时也会疼痛万分。常言道：“聋子旁边不说聋，跛子旁边不说跛。”说的就是这个道理。

智慧说话，能捡回一条命

在专制的皇权时代，尤其是在封建时代的官场，说话的重要性超过一般人的想象。这种重要或许体现在凭三寸不烂之舌为自己谋得高官厚禄上。但是，更多的时候，是体现在反面，即“直言贾祸”“祸从口出”等。封建官场中的“直言贾祸”一说，就是在告诫人们说话要慎重，免得因为一句话招来杀身之祸。这不是危言耸听，在那个时代，这样的事很常见。

清代的康熙皇帝，青年时励精图治，做过不少大事。晚年时，由于年纪大了，头发也花白了，牙齿已松动脱落。这本是人生的自然规律，可他心里就是不服老，犯了老年人的通病，只要听到有人说他“老”就不高兴。左右的臣子深知他的心理，特别忌讳说“老”一类的字眼，也没有谁愿意在皇上面前触这个霉头。康熙皇帝为了显示自己还年轻有活力，常常率领皇后、妃子们去猎苑猎取野兽，在池边钓鱼取乐。

有一天，康熙率领一群妃嫔去湖中垂钓。不一会儿，鱼竿晃动，康熙皇帝连忙举起钓竿，只见钩上钓着一只大大的金龟，心中好不喜欢。谁知，刚刚拉出水面，只听“扑通”一声，金龟脱钩掉到水里跑掉了。康熙长吁短叹，连叫可惜。在康熙左侧身旁陪同的皇后见状，连忙安慰说：“看这光景，这只龟是老得没有门牙了，所以衔不住钩子了。”

这时，在一旁观看的一个年轻妃子忍不住大笑起来，而且笑个不止，简直直不起腰来。康熙见了，不由得龙颜大怒。他认为，皇后是言者无心，而那妃子则是笑者有意，是含沙射影，笑他没有牙齿，老而无用了。回宫之后，康熙马上下了一道谕旨，将那妃子打入冷宫，终身不得复出。到了这个时候，那个年轻的妃子才深深感到后悔了。她叹息着说：“因为我不慎笑了一笑，却害了自己守寡一生。这都是我自己不检点，犯了皇上的大忌所带来的恶果啊！”

为什么皇后在说话时明显说到“老”字而康熙皇帝没有怪罪她，而妃子只是笑了一笑康熙皇帝却如此怪罪她呢？首先是康熙的忌讳心理，他不服老，忌讳别人说他老。这种心理实际上反映了老年人的一种普遍心态。由于上了年纪，在体力和精力上都有所下降，但又不肯承认这个现实，而且也希望人们在客观上否认这个现实，故而一旦有人涉及这个话题，心理上就承受不了。此外，皇后与妃子同康熙皇帝的感情距离不同。皇后说的话，仔细推敲一下，有显义和隐义两个意义，显义是字面上的意义，因为康熙皇帝与皇后的感情距离较近，他产生的是积极联想，所以康熙只是从字面上去理解，知道皇后是一片好心的安慰。妃子虽然没有说话，只是笑了一笑，但她是在皇后说话的基础上笑的，再加上她与康熙皇帝的感情距离远不如皇后，所以让康熙皇帝产生了消极联想，其隐义是：那老龟老掉牙衔不住钩子，就像康熙皇帝一样老而无用，连钓起的老龟也让它逃跑了。这就深深地刺痛了康熙内心最忌讳的地方。

也许我们会说，康熙因妃子笑话他而给予这样的重罚充分暴露了封建帝王的冷酷无情。但是，我们可以想想，如果是一个普通人，别人这样笑话你的缺憾，你也不会高兴的。人都是有自尊心的，总希望受到别人的尊重，谁也不希望人们一见面就提自己不愉快的事。因此，人人都不愿意人家触及自己的憾事、缺点、隐私和使自己感到难堪的事，这也是一般人所共有的心理。因此，在为人处世中，一定要注意尊重别人，交谈时千万不要涉及别人忌讳的话题。不然，就会导致双方的不和，给人际交往带来麻烦。

但是，生活是很复杂的。由于种种原因，为人处世中，有时说话很可能无法避免别人忌讳的话题。在这种情况下，就要讲究说话的技巧。

清代才子纪晓岚很善于驾驭言语，因而在清代官场上总是一帆风顺，留下了许多佳话。

纪晓岚中进士后，当了侍读学士，陪伴乾隆皇帝读书。

一天，纪晓岚起得很早，进宫后等了很久，还不见皇上到来他就对同来侍读的人开玩笑说："老头儿怎么还不来?"

话音刚落，只见乾隆已到了跟前。他今天没有带随从人员，又是穿着便服，所以没有引起大家的注意。乾隆听见了纪晓岚的话，很不高兴，就大声质问："'老头儿'三字作何解释?"

旁边的人见此情景，都吓出一身冷汗。纪晓岚却从容不迫地跪在地上说："万寿无疆叫作'老'，顶天立地叫作'头'，父天母地叫作'儿'。"

乾隆听了这个恭维自己的解释，就转怒为喜，不再追究了。

在不协调和欠协调的交际中，成功地运用自己的机智和口才，随机应变，可以化解矛盾，帮助交际者走出困境。纪晓岚正是成功地运用曲意直解，巧妙地对含有不敬性质的"老头儿"三字自圆其说。

这个故事启示我们，不会说话的人必定不受欢迎。话说得太直白，不顾及上司的脸面，让上司难堪，必然引火烧身。现在，我们不必为说话直白而担心人头不保——谁也不会再为说话冒犯某位达官贵人而付出生命的代价。然而，直言易惹祸的箴言还是适用的：作为下属，人们总要面对各种错综复杂的关系，头头脑脑秉性各异，率性直言往往自取其辱、自取其祸。

如此看来，说话时活一点，舌头"拐个弯儿"，是没有坏处的。

说话要有“口”，还要有“心”

在现实生活中，不善言者的悲哀有很多。本来表达的是真心的同情，在对方听来却成了挖苦；本来表达的是善意的关怀，却因为话说得不好，在对方听起来成了讽刺……

一次，小秦看见秘书小刘在处理一沓报名表格，是一个普通大学办的MBA培训班的入学申请表。小秦又没管好自己的嘴，跟小刘搭讪起来：“怎么，奋发图强呀？这种文凭‘水’得很，不值钱的，要它干吗？别说中国的MBA，现在英国回来的MBA也不吃香了，花钱买来的，谁不懂？”小秦不知道，小刘是在帮他的顶头上司张总办入学手续。

小秦还跟女同事小孙谈到过前台小张拍的写真集，言语之间笑话小张，说她应该“先整整容再去拍”。见到同事老陈穿着新西装，小秦一口道出那种品牌的西装正在××商场打折出售，打折后的价钱是×××元。同事小李买了新手机，小秦看过说：“这种款式不灵的，网站上只要几百块钱”……

“说者无心”，但往往“听者有意”。小秦说话大概是有口无心吧，也许他没有恶意，但他忽略了别人的自尊，落得个孤立无援的悲哀处境。

还有一则与此相似的故事：

小李到客户那儿接洽生意后，回到公司已经是下午六点了，公司只有一位新来的女职员还在工作。小李心里想：她这么认真，也应该休息一下了。但是，说出来的时候却变成：“咦，你怎么还在公司？”

结果，对方一脸不高兴，愤然地说：“现在就走！”

本来是出于好心，却反而惹得对方生气，不但被她误会，也会影响到以后的工作。问题就出在“怎么还在公司”这句话，这句话听起来就像是“怎么不快点回去”。更何况，又加上“咦”的疑问词，难怪对方会有那样的反应。如果是熟识的朋友，也许“怎么，不行啊”之类的玩笑话就带过了。但是，对方是不太熟悉的人，自然情形就不一样了。因此，说话一定要慎重，不要想说什么就说什么。

轻言易失言

失言就是说错话、说漏嘴，轻则招人不满、得罪别人，重则危及国家、性命不保。这也就是人们常说的“言多必失”“祸从口出”。

历史上就有一个因失言而危及国家的事例：

蜀汉建兴十二年，诸葛亮在整军经武、休养生息三年后，为恢复汉室，举兵伐魏。战争之初，诸葛亮连战连捷，后魏国大将司马懿不得不坚守城池，不敢与蜀军正面交锋。两军在五丈原对峙，诸葛亮屡次派人阵前挑战，司马懿皆不予回应。为了化解僵局，诸葛亮派遣使者送信和女人的衣服给司马懿，意在羞辱司马懿，激怒他，以便与魏军决战。看到信和女人的衣服，司马懿非常愤怒，因为诸葛亮讽刺他像女人一样，不敢决一死战。司马懿虽然怒火中烧，但他不动声色，反而设酒宴款待使者。席间，司马懿故作亲和，为使者敬酒，笑着问使者：“诸葛孔明说我像女人，我就是女人。但不知道孔明先生最近过得好不好，吃、睡如何？”使者被司马懿的表象迷惑，丧失了起码的警惕，很随意地拉起了家常：“我们丞相起早贪黑，事必躬亲，但吃的东西很少。最近身体不太好，经常咯血……”司马懿听后暗自高兴，他知道诸葛亮撑不了多久。于是，他顶住手下将士要求出战的压力，继续和诸葛亮对峙，对诸葛亮的诸多挑战，完全置之不理。最后，诸葛亮终于病逝在五丈原，蜀军不战自败。

蜀军使者的使命只是送信，但他在和司马懿的闲聊中不小心将诸葛亮的生活作息说了出去。结果，就是这几句话拖垮了诸葛亮，“出师未捷身先死”，使英雄抱恨终天。

事实上，很多业务或公务上应该保守的机密，常常就在人们没有警觉的情况下轻言泄露出去，而这些人们看起来无足轻重的事，在有心人士的拼凑下，就可以变成系统的、有价值的信息。

因此，我们应该引以为戒，除了对自身承办或接触的业务保密外，还应拒绝一切私人情谊和诱惑，谨言慎行，不该对人说的，不要对人说，否则一旦机密外泄，影响的不只是个人的身家财产，更可能造成社会和国家的损失，实在是不可不慎！

因失言而丢命不是危言耸听，而是血的教训。言多而伤人。言语伤人，胜于刀伤，因为刀伤易痊，舌伤难愈。多说招怨、瞎说惹祸。正所谓言多必失、多言多败。一个说话随便的人，会被人认为没有责任心。所以说，话多不如话少，话少不如话好，多言不如多知。智者说：“凡有道德者，不可多言；有信义者，必不多言；有才谋者，不必多言。多言取厌，虚言取薄，轻言取侮。”一个真正会说话的人，其实是一个说得少而且说得好的人。

办公室是竞技场，闲话少说

职场中闲聊，是工作之余放松的一种手段，也是加深了解、联络感情的有效方式，但是，一定要记住，由于职场是一种竞争，同事之间也成了一种对手，此间的闲聊不同于朋友、家人之间的闲聊，一定要注意避讳某些话题。

第一，聊天不应提及薪水。

很多公司不喜欢职员之间打听薪水，因为同事之间工资往往有差别，所以发薪时老板有意单线联系，不公开数额，并叮嘱不让他人知道。同工不同酬是老板常用的手段，用好了，是奖优罚劣的一大法宝。但它是把双刃剑，用不好，就容易引发员工之间的矛盾，而且最终会掉转刀口朝上，矛头直指老板。这当然是他不想见的，所以对“包打听”之类的人总是格外防备。

有的人打探别人时喜欢先亮出自己，比如先说：“我这月工资……奖金……你呢?”如果她比你钱多，她会假装同情，心里却暗自得意。如果她没你多，她就会心理不平衡，表面上可能是一脸羡慕，私底下往往不服。这时候，你就该小心了。背后做小动作的人通常是你开始不设防的人。

首先，不做这样的人。其次，如果你碰上这样的同事，最好早做打算。当她把话题往工资上引时，你要尽早打断她，说公司有纪律不谈薪水。如果不幸她语速很快，没等你拦住就把话都说了，也不要紧，用外交辞令冷处理：“对不起，我不想谈这个问题。”有来无回一次，就不会有下次了。

第二，公司里的人和事不涉及。

即便老板泡小秘是公开的秘密，你也别插嘴。别人爱怎么说怎么说，你能不听就不听，能溜最好。人事关系最微妙，有人升迁，有人被炒。你不是老板，你不知原委，就免开尊口。至于谁是老板的亲信，你知道就得了，犯不上传扬或跟人背后嘀咕。

同样，有些话类似“公司福利不好”“公司老让加班，不给加班费”……在同事之间，这种话说也白说，因为你不是老板。还有，你的这些话被人传来传去、添油加醋，最终往往给你带来麻烦，而你连解释的机会都没有。

没有不透风的墙，老话自有道理。今天你和某同事说“小张能力不行，办不成事”，过不了两天话就传小张耳朵里了。你还不知情，就把人得罪了。是人多少有点报复心，不定哪天你被人收拾了，哭都不知道为什么。

或者，你跟一个要好的同事说怎么整治老板、如何偷懒之类的小伎俩，万一哪天他晋升了，而且是你的顶头上司，你说你是不是有点尴尬？保不准你走运，成为他的主管，想一想从前说过的话，多少也会有点不自在。早知如此，何必当初。

只要是人多的地方，就会有闲言碎语。有时，你可能不小心成为“放话”的人；有时，你也可以是别人“攻击”的对象。这些耳语，比如领导喜欢谁、谁最吃得开、谁又有绯闻等，就像噪声一样，影响人的工作情绪。与同事谈话，不要学小人说三道四，东家长西家短，拣些“某领导的韵事”“某同事的野史”谈起来没完。这样做，不仅无聊，而且会破坏同事间的团结，破坏同事的名誉。

谈公司里的事情，最好在比较适合、公开的场所。如部门主管征询意见时，你不说就不妥。或者，开讨论会时，该发言就不能闷着。你老不说话，老板以为你没主意。但私底下的闲话少，麻烦也少。

第三，私人生活不能当话题。

无论是失恋还是热恋，别把情绪带到工作中来，更别把故事带进来。办公室里容易聊天，说起来只图痛快，不看对象，事后往往懊悔不迭。可惜说出口的话像泼出去的水，再也收不回来了。

把同事当知己的害处很多。职场是竞技场，每个人都可能成为你的对手。即便是合作很好的搭档，也可能突然变脸。他知道你越多，越容易攻击你。你暴露得越多，越容易被击中。

比如，你曾告诉她男友跟别人好了，她这时候就有说头：“连老公都不能搞定的人，公司的事情怎么放心交给她。”职场上风云变幻，环境险恶，你不害人，也不得不防人。把自己的私域圈起来，当成办公室话题的禁区，轻易不让公域场上的人涉足，其实是非常明智的一招，是竞争压力下的自我保护。“己所不欲，勿施于人。”如果你不先开口打听别人的私事，自己的秘密也不易被打听。

千万别聊私人问题，也别议论公司里的是非短长。你以为议论别人没关系，用不了几个来回就能绕到你自己头上，引火烧身。那时，你再逃跑就显得被动。

第四，别拿现单位和原单位比。

无论比出个什么样的高下，老板都不爱听。如果你说：“我原来的公司是大牌，那里的管理水平高，工作环境比现在好，效率比这里高……”老板肯定会立即拉下脸，扔下一句：“那好，你就回去吧。”即使老板不在场，同事其实也不爱听你回忆昔日的荣光。每个员工对自己供职的公司多少会有心理归属感，贬损公司，员工很容易以为你也在看低他。

就算你说的都是事实，原来公司确实不错，毕竟你现在端的是新家的饭碗，这么不忘旧好总是不近人情。但也别以为喜新厌旧就好，如果你在现老板面前大谈原先老板的不是，情况只会更糟。他觉得你今天能这么议论原先的单位，下次就会这么说现在的单位。

第五，野心可以有，但不能说出来。

在办公室里大谈人生理想显然滑稽，打工就安心打工，雄心壮志回去和家人、朋友说。在公司里，要是你没事整天念叨“我要当老板，自己置办产业”，很容易被老板当成敌人，或被同事看作异己。如果你说“在公司我的水平至少够副总”或者“35 岁时我必须干到部门经理”，那你很容易把自己放在同事的对立面上。

因为野心人人都有，但位子有限。你公开自己的进取心，就等于公开向公司里的同僚挑战。僧多粥少，树大招风，何苦被人处处提防，被同事或上司看成威胁。做人要低姿态一点，是自我保护的好方法。你的价值体现在做多少事上，在该表现时表现，不该表现时就算韬光养晦一点也没什么不好，能人能在做大事上，而不在大话上。

办公室是闲话的滋生地。工作间歇，大家很愿意找些话题来放松一会儿，为了不让闲聊“误入雷区”，话题最好围绕新闻、热点、影视作品选择，那将放得开而且无害。

该说“假话”就说“假话”

实话该说就说，但不是任何时候实话都是受欢迎、应该的。一句话，假话全不说，真话不全说。说假话有各种各样的原因，不能说全是错误做法。有时，说假话是安身立命的一种手段，不得已而为之。

《史记·秦始皇本纪》记载了这样一个“指鹿为马”的故事：

秦始皇死后，担任中车府令的宦官赵高和秦始皇的小儿子胡亥串通起来，并且威胁丞相李斯，伪造遗诏，由胡亥继位，史称秦二世。

赵高立了大功，被秦二世封为郎中令，成为秦二世最亲近的高级官员，但他的职位仍在李斯之下。后来，他设计害死李斯，当上了丞相。然而，赵高的野心很大，他想当皇帝。可朝中大臣有多少人能听他摆布，有多少人反对他，他心中没底。于是，赵高想了一个办法，准备试一试自己的威信，同时摸清敢于反对自己的人。

一天上朝时，赵高让人把一只梅花鹿牵到朝堂上，满脸堆笑地对秦二世说：“陛下，这是臣刚寻找到的一匹骏马，特献给陛下。”

秦二世一看，心想：这哪里是马，这分明是一只鹿嘛！他便笑着对赵高说：“丞相搞错了，这是一只鹿，你怎么说是马呢？”

赵高面不改色心不跳地说：“请陛下看清楚，这的确是一匹千里马。”秦二世又看了看那只鹿，将信将疑地说：“马的头上怎么会长角呢？”

赵高坚持自己的意见：“陛下，这是马不是鹿。不信的话，陛下可以问问大臣们，让他们说说它究竟是马还是鹿。”赵高的一派胡言让大臣们莫名其妙，私下里嘀咕：这个赵高搞什么名堂，是鹿是马不是明摆着吗！这时的赵高，脸上流露出阴险的笑容，两只眼睛骨碌碌转动，在每个人脸上掠过。有些聪明的大臣忽然明白了赵高的用意，他们立刻赞同赵高的说法，对秦二世说：“陛下，丞相所言不假，这确是一匹千里马！”

一些胆小又有正义感的人都低下头，不敢说话，因为说假话，对不起自己的良心，说真话又怕日后被赵高所害。

有些正直的人不愿说假话，不接受赵高说法，坚持认为它是鹿。

事后，赵高通过各种手段把那些不顺从自己的大臣一一治罪，有些大臣甚至被满门抄斩。

在强大的恶势力面前，斗争要讲究策略。暂时地说假话，为的是避免以卵击石的厄运，为的是保留有用之身而已。而刘备的“口是心非”的一番托孤之言，似乎是恩宠，实际是警告，是十足的假话。

公元222年，刘备兵败彝陵，蜀国元气大伤，刘备一病不起。自知来日不多的刘备，对蜀国的命运颇为忧虑：这时的蜀国，关羽、张飞已逝，儿子刘禅无能。自己死后，皇位传给儿子刘禅。但儿子能力不及，恐怕皇位难保。凭着诸葛亮的才能与威望，完全可以废掉刘禅而自立。那么，自己辛苦打下来的江山，岂不就落到外人手中?

思来想去，刘备临终前还是主动召来诸葛亮，以国事相托：“我得丞相辅助，幸成帝业。只可惜我不听丞相的劝告，导致今日之败，现在悔恨成病。我儿刘禅孱弱，不得不以大事相托。我和你说心里话，你的才能必能安邦定国。阿斗可辅则辅，不可辅的话，你可以自立为帝。”此话一出，诸葛亮感动不已，向刘备承诺，自己一定尽心辅佐幼主，以报其知遇之恩。此后，诸葛亮为蜀国事业鞠躬尽瘁、死而后已，留下一段千古佳话。

刘备非常了解诸葛亮，知他做事磊落，为人重感情、讲义气。面对江山难保的窘境，自己无须正言厉色地警告诸葛亮，要忠于刘禅，永无二心，而只要把自己的担忧通过“正话反说”的方式，向诸葛亮道出即可。以诸葛亮的为人，一定会顾及君臣之礼，感念“三顾茅庐”的知遇之恩，不但不会觊觎阿斗的皇位，而且还会尽心尽力、忠心耿耿地辅佐自己的儿子。

装聋作哑，大事化小

有时候，把事情越说明白越清楚，反而会把小事变大；装聋作哑，反倒把事情解决得更圆满而不露痕迹。

战国时期，楚庄王亲自统率大军出外讨伐，结果大获全胜。当班师回郢都时，百姓夹道欢迎，盛况空前。为了庆贺赫赫战功，庄王在渐台宴请群臣。文武百官谈笑风生，无不喜形于色。庄王举杯祝贺，与众卿同欢共乐，并召来嫔妃和群臣同席畅饮。

此时，渐台上钟鼓齐鸣，歌舞不断，人们猜拳行令，兴致极高，不知不觉中日落西山。可是，庄王兴犹未尽，遂命点起蜡烛夜宴，又命宠妃许姬斟酒助兴。

不巧，忽然刮来一阵大风，蜡烛都被吹灭。黑暗中，一个人趁着混乱，竟然拉住了许姬的衣袖。

许姬恼怒，又不便声张，挣扎之中衣袖被撕破。她机警地扯断那人帽子上的缨带，随后走到庄王跟前，附耳禀报了实情，并请庄王查办那个色胆包天之人。

庄王听罢，沉吟片刻，吩咐左右先不要点蜡，然后命令众卿解开缨带，摘下帽子，纵情畅饮。群臣闻言，纷纷解开缨带，摘下帽子。这时，庄王才命人掌灯点烛。在烛光之下，但见群臣绝缨饮酒，已无法辨认谁的缨带被扯断了。庄王就像没发生这件事一样，与众人饮至深夜方散。后来，庄王再也没有提起此事。

又过了几年，庄王出兵伐晋，命襄老为前军统帅。襄老回到营地后，召集属下商讨策略。其部将唐狡请命，愿为大军开道，不获全胜不返营。于是，唐狡只带几百名亲兵，连夜奔袭而去。由于唐狡骁勇善战，晋军被杀得落荒而逃。庄王的后续大军竟一路未遇到一个阻兵，直取郑国都城荥阳。

庆功会上，庄王称赞襄老用兵神速，勇敢非凡。襄老却说：“实非老臣之力，而是部将唐狡孤胆制敌的功劳。”

庄王遂召见唐狡，并当众加倍赐赏。唐狡忙跪下道：“臣受君王之恩赐已经很厚了，哪敢再领赏呢?”庄王惊讶道：“寡人并不认识你，怎么说受过我的赏赐呢?”唐狡愧色满面，低声谢罪：“绝缨夜宴上扯住美人衣袖的就是我。大王不追究我的死罪，我一直感激您，没有一天忘了这事。所以，这一次我率军进攻，是准备以死相报。”

在场的大臣听了，才恍然大悟为什么庄王命令人们解缨摘帽，一时间对庄王的做法都非常敬佩。襄老不禁赞叹道：“倘若当初君王不能容人之过，谅解别人，而是在绝缨夜宴上明烛治罪，又怎能得到唐狡拼力死战呢?”

庄王面对突如其来的变故，没有小题大做，而是以平静的语气命大家一起解缨摘帽，息事宁人。

无独有偶，唐代宗算不得一个明君，但他也曾以施展装聋作哑术，平息了一件不大不小的纷争。

唐代宗时，郭子仪在扫平安史之乱中战功显赫，成为复兴唐室的元勋。因此，唐代宗十分敬重他，并将女儿升平公主嫁给郭子仪的儿子郭暖为妻。这小两口都自恃有老子做后台，互相不服软，因此免不了口角。

有一天，小两口因为一点小事拌起嘴来。郭暖看见妻子摆出一副臭架子，根本不把他这个丈夫放在眼里，便愤懑不平地说：“你有什么了不起的，不就仗着你老子是皇上！实话告诉你吧，你爸爸的江山是我父亲打败了安禄山才保全的，我父亲因为瞧不起皇帝的宝座，所以才没当这个皇帝。”在封建社会，皇帝唯我独尊，任何人想当皇帝，就可能遭满门抄斩的大祸。升平公主听到郭暖敢出此狂言，感到一下子找到了出气的机会和把柄，立刻奔回宫中，向唐代宗汇报了丈夫刚才这番图谋造反的话。她满以为，父皇会因此重惩郭暖，替她出口气。然而，唐代宗听完女儿的汇报，不动声色地说：“你是个孩子，有许多事你还不懂得。我告诉你吧，你丈夫说的都是实情。天下是你公公郭子仪保全下来的，如果你公公想当皇帝，早就当上了，天下也早就不是咱李家所有了。”他对女儿劝慰一番，叫女儿不要抓住丈夫的一句话，乱扣“谋反”的大帽子，小两口要和和气气地过日子。在父皇的耐心劝解下，公主消了气，自动回到了郭家。

这件事很快被郭子仪听到了，可把他吓坏了。他觉得，小两口打架不要紧，儿子口出狂言，几近谋反，这着实叫他恼火万分。郭子仪即刻令人把郭暖捆绑起来，并迅速到宫中面见皇上，要求皇上严厉治罪。可是，唐代宗却和颜悦色，一点儿也没有怪罪的意思，还劝慰说：“小两口吵嘴，话说得过分点，咱们当老人的不要认真了。不是有句俗话吗：‘不痴不聋，不为家翁。’儿女们在闺房里讲的话，怎好当起真来？咱们做老人的听了，就把自己当成聋子和傻子，装作没听见就行了。”听到老亲家这番合乎情理的话，郭子仪的心里就像一块石头落了地，顿时感到十分轻松，眼见得一场大祸化作草芥小事。

小两口关起门来吵嘴，在气头上，可能什么激烈的言辞都会冒出来。如果句句较真，就将家无宁日。杀人不过头点地，自己又能得到什么好处？唐代宗用“老人应当装聋作哑”来对待小夫妻吵嘴，不因女婿讲了一句近似谋反的话而无限上纲、大动杀机，而是化灾祸为欢乐，使小两口重归于好。他的这笔利弊得失的账算得很明白。唐代宗对郭子仪说的那番话圆滑老练之至，说明其说话的修养已达到相当高深的境界。

第八章
说出去的话，泼出去的水

大多数人认为写文章难，其实说话比写文章更难。文章写得不好还可以修改，可话说出去，无法修改也无法收回。因此，说话要讲分寸、有尺度，不要“乱放炮”，想说什么就说什么。

敷衍地拒绝，含糊地回避

在人际交往中，基于某种原因不愿意或不便把自己的真实想法告诉对方时，用“敷衍地拒绝，含糊地回避”来应对可帮你渡过难关。如果运用得好，不但拒绝了他人，还会取得良好的效果。

有个关于庄子向监河侯借钱的故事。监河侯敷衍庄子，含糊地说：“好！再过一段时间，等我去收租，收齐了，就借给你三百两银子。”监河侯的敷衍真是很有水平，不直接说不借，也不说马上就借给他，而是说过一段时间收租收齐后再借。

这话有三层意思：一是目前我没有钱，还不能借给你；二是我并不是富人；三是过一段时间，时间并不明确，说明到时借不借还是另一说。

庄子听后，已经很明白了。监河侯用这种方法拒绝庄子，他不会怨恨什么，因为监河侯并没有说不借给他，只是过一段时间再说而已，还是有可能会借的。

人处在一个复杂的社会背景中，互相制约的因素有很多，为什么不选择一个盾牌挡一挡呢？当你不便说出自己真正拒绝的原因时，含糊而敷衍地拒绝他人是一种不错的选择。

比如，你是一个领导班子的成员之一。若有人托你办事，你就可以说：“我们单位是集体领导，类似这样的情况，需要大家讨论才能决定。不过，以前像这样的事都很难通过，最好还是别抱很大的希望。如果你坚持这样做的话，待大家讨论后再说，我个人说了不算数。”这就是推托之词，把矛盾引向另外的地方，即“不是我不给你办，而是我办不了”。

听到这样的话，对方一般都要打退堂鼓：“那好吧，既然是这样，也不难为你了，我再想别的办法吧！”

有位广告公司的负责人曾介绍经验说，对那些携带自己的画来应征的年轻人，如果他不满意他们的画，他就会说：“嗯，我不大看得懂你的画，请画一些我能看懂的画再来吧……”

“我不大看得懂你的画”，那么，“我能看懂的画”又是什么，对方不清楚他的意图，怎么画？这样，对方失去了进攻的目标，只好悻悻退下。这种方法可以不让你感觉到拒绝，却巧妙地达到了拒绝的效果。

再比如，有人对你说：“今晚我请客，一定要来呀！”

“真不凑巧，今晚正好有事，下次一定来。”下次是什么时候，并没有说一个明确的时间，实际上给对方的是一个含糊不清的答案。对方若是聪明人，一定会听出其中的意思，就不会强人所难了。

日本影星中野良子35岁尚未结婚。一次，在上海进行艺术活动时，有人问及她什么时候结婚的问题。这位日本影星回答：“如果我结婚，就到中国来度蜜月。”这个回答既巧妙地回避了中野良子不想正面回答的问题，又友善地表达出中野良子对中国的喜爱。如果中野良子直接用“无可奉告”“我还不打算结婚”这类话来回答，将会使对方感到尴尬，也冲淡了当时谈话的和谐气氛。

模糊的语言绝不等同于“含糊其词”。前者是策略，后者是词不达意。还要注意，在一些特殊情况下，如需要表明立场、观点、态度时，特别是在敌对斗争或做重大决定时，绝不能模棱两可、似是而非。模糊这种方法只能当作一时的缓兵之计，不能经常使用。否则，所有的问题永远会停留在那儿，剪不断，理还乱。

夸人的话不要太离谱

人人都需要一顶“高帽”，但并不是所有的“高帽”都是一种形式。只有既好看又不会被风刮倒的“高帽”，才能有市场。

有这样一句俗话：“逢人短命，遇货添钱。”比如，你遇着一个人，你问他多大年龄了？他答：“今年 50 岁了。”你说：“看您的面貌，只像 30 岁的人，最多不过 40 岁罢了。”他听了一定喜欢，这就是所谓的“逢人短命”。又如走到朋友家中，看见一张桌子……问他花多少钱买的，他答道：“花了 40 元。”你说：“这张桌子一般价值 80 元，再买得便宜也要 60 元，你真是会买。”这就是所谓的“遇货添钱”。人性既是这样，所以自然而然地就生出这种公理。

在现实的交往中，大凡向别人敬献谄媚之词的人，总是抱着一定的投机心理。他们自信不足而自卑有余，无法通过名正言顺的方式博取对方的赏识，表现自己的能力，达到自己的目标，只好采取一种不花力气又有效果的途径——谄媚。

谁知，恭维别人也并不是一件轻而易举的事。所谓“拍马屁”“阿谀”“谄媚”，都是技艺拙劣的“高帽工厂”加工的“伪劣产品”，因为它们不符合赞美和恭维的标准。

“高帽”尽管好，可尺寸也得合乎规格才行。滥做“过重”的“高帽”是不明智的。赞扬招致荣誉心，荣誉心产生满足感。当人们发现你言过其实时，就会感觉受到愚弄。所以，宁肯不去恭维，也不要夸大无边。

那么，如何准确地把握恭维的尺度，使恭维恰如其分而不失度，成为真正的善言，取得事半功倍的效果呢？

第一，注意交际对象。在人际交往中，应当注意交际对象的年龄、文化、职业、性格、爱好、特征，因人而异，把握分寸，切不可随意恭维、奉承对方。尤其是新交，更应小心谨慎。比如，你对一个为自己身材过于肥胖而发愁的姑娘说：“你的身材实在是漂亮极了！”姑娘一定会认为你是在取笑她而大为不快。但如果对一个为自己身材姣好而感到自豪的姑娘来说这句话，却可以使姑娘对你的好感和信任增加。在现实生活中，还有不少有识之士喜爱结交“道义相砥、过失相规”的“畏友”，他们喜欢“直言不讳”，你越指出他的不足，他越喜欢你，而你越恭维他，他却越讨厌你。同这类人交往时，恭维是需要慎之又慎的。

第二，注意把握时机。交际中认真把握时机，恰到好处的善言，是十分重要的。尤其是恭维，应当切合当时的气氛、条件，有着一定“时效”的约束。当你发现对方有值得赞美、恭维的地方，要善于及时大胆地赞美、恭维，千万不要错过时机。不适时机的恭维，无异于南辕北辙，结果只能事与愿违，起不到应该起的效果，甚至还会产生一定的副作用。同时，你还应该记住：当你的朋友发现他自己的某种不足而正要改正时，你却对他的这种不足之处大加赞赏，绝不会令你的朋友满意的。“朋友有劝善规过之谊”的古训，也是现代交际中的为人准则。

第三，注意恭维尺度。恭维的尺度掌握得如何，往往直接影响着恭维的效果。恰如其分，不留痕迹，适可而止的恭维是成功者的妙诀。而使用过多华丽的辞藻、过度的恭维、空洞的奉承，只能使对方感到不舒服、不自在，甚至难堪、肉麻和厌恶，其结果是适得其反。假如你对一位字写得比较好的朋友说：“你写的字是全世界最漂亮的！”你恭维的结果极有可能使双方难堪。但如果你这样说：“你的字写得很漂亮！”你的朋友一定会感到很高兴，说不定他还要介绍一番他练字的经过和经验呢！当然，恭维的程度不够，便不称其为恭维，这样也无法达到预期的目的。

第四，注意态度真诚。恭维需要真诚，需要不留痕迹。真诚的态度是交际者成功的要素，交际中一定要努力表现出恭维的真诚，表现出发自肺腑，情意真切。要知道，与其无美可赞而勉为其难，不如避而不谈为好。

恭维是善言者出色的表现，把握恰当、得体的恭维无疑是成功交际的第一步。

夫妻间说话也要讲分寸

一个家庭是和平共处还是硝烟弥漫，往往是妻子言语决定的结果。有时候，恰到好处的一句话，不仅能平息争端、掌握主动，还能让你们的婚姻在磨合的过程中更亲密、更融洽、更快乐。

也许有时候指责的话刚脱口而出，你就后悔了。也许平时和丈夫说话总是生硬的，或者你的本意也许是好的，可说出来却全变了味。这时，一场争执往往在所难免，错误信息的传递眼看就要引发夫妻大战。如果能有一些更好的方式来表达你的感情，那该有多好。

致力于研究幸福夫妻沟通之道的专家认为，其实，只是字眼的小小改变，就能令你所表达的意思有很大的不同。关键在于调节你的情绪，不要带着火气和抱怨，这才是创造和谐关系的秘密所在。

不要说："我知道你就会那样说。"

而要说："你以前就曾经这样说过，所以它一定还在困扰着你。"

有很多话本身并非责难，除非你用的是含沙射影的语气。当你面带挖苦地说"我知道你就会那样说"时，无异于是在用另一种方式骂你的丈夫是个"笨蛋、蠢人"。美国西雅图葛特曼研究院创建者、《婚姻美满的7条准则》一书的作者、哲学博士约翰·葛特曼认为，轻蔑会加快婚姻的崩溃。离婚最明显的征兆之一往往是无论你丈夫说什么，你都不屑一顾。

较为明智的表达是："你以前就曾经这样说过，所以它一定还在困扰着你。"这样说，既真诚地考虑到了他的感受，又表明你希望能为解决问题做些什么。对生活中彼此每一点细微之处都试着去体会和沟通，你们的婚姻才会更为牢固。葛特曼建议道："比如，他加班要很晚才能回家，那么不妨把他最爱看的电视节目录下来。只有对彼此的目标、焦虑和希望真正有所了解，当要决定重大事件以及出现分歧时，你们才能够更为妥善地共同对待。"

不要说："你令我简直快疯了。"

而要说："你那样做，我真的很难受。"

你得明确表达是什么在影响着你的情绪。美国明尼苏达州圣保罗大学家庭社会学教授、哲学博士奥尔森认为，笼统地否定一切只会令婚姻关系愈加紧张，“特别是解释清楚你生气的理由”极为重要。

你需要强调他的行为带给你的感受，但不要列出一大堆的抱怨和委屈清单。记住：一次只指出一个问题，诸如“当我想跟你说话而你只顾自己看电视时，真的叫我很难受”。

越早说出自己当时的感受越好。奥尔森博士解释说，“令我简直快疯了”这句话意味着你的情绪经过长时间的压抑之后已经上升到一个过激的水平。

不要说：“这事你一直就没做对过。”

而要说：“你是做了很多努力，但用这种方式是不是太费劲了？”

责备你的另一半的行为不当，你往往会指出做这件事正确和错误的方法。虽然看上去你的方法可能最好，可事实上它常常是带有你的主观偏好的。葛特曼博士指出：“责难会使夫妻感情疏远。”家庭中，两个人要做到相互平等。葛特曼博士举例说，当需要做家务活时，男人们必须抛掉让自己很舒服的想法；而女人也得放弃控制男人完成这件事的过程。“显然，做他的顾问比对他指手画脚效果要好得多。”

不要吝啬对他的感激和肯定之词，这会令他乐于继续坚持下去。幸福的夫妻往往建立在彼此欣赏的基础上，他们常常会互相赞美，哪怕是日常生活中最细枝末节的地方，他们也不会忘记说声谢谢。

不要说：“为什么你总是不听我说？”

而要说：“这对我真的很重要。”

说你的伴侣总是不听你的，不仅满是责备，而且还夸大了怨气。毕竟，即使是最不虚心的人对你所说的话也会在意几次。美国西雅图华盛顿大学社会学教授、《爱在平等间：如何真正让婚姻平等》一书的作者、哲学博士佩伯·施沃兹指出：使用“总是”或者“从不”这样的字眼，你的丈夫“此刻就不可能和你进行正常的交谈”。同时，这种全盘否定的说法也把问题的责任全部推到他的身上，而让自己脱离了所有关系。

而以“这对我真的很重要”这句话作为开场白，则会为你打开一扇进行建设性对话的大门。法律顾问施兹认为：“它会令你有机会说出被他拒绝的话，而且提出解决问题的建议。”

在表述你的观点时，一定要冷静。丹佛大学心理学教授、《为婚姻而战：避免离婚并让爱情持久的法则》一书的作者、哲学博士赫沃德·玛克曼博士认为，通常妻子对丈夫最大的抱怨是他们完全不和你说什么；而丈夫最一致的看法却是说得太多会引起争执。因此，他建议：“如果你想你的丈夫不仅听你说，而且更多地和你交流，就要始终做到心平气和。”

不要说：“说得对，我正是要离开你！”

而要说：“那给我一种想要离开你的感觉。”

威胁听上去好像很引人注意，但它们往往很危险，而且不给双方进一步的交谈留一点余地。施庆兹博士解释说：“你的丈夫可能会对你说‘再见’或者讥讽你不过是做做样子，而这两种结果都是对你的一种羞辱。”就算你确实怒气冲天一走了之，你们的关系也不会就此结束，尤其是牵涉孩子的问题。

把那些一触即发的冲动放在心里，毕竟你“并不真的想要离开”，寻求能就此进行交流的途径。在这种情况下，只要夫妻间的关系还没有破裂，说出真实的感受有助于接触到问题的根本。不过，对于大多数婚姻而言，动不动就用离开来进行威胁，只能随着时间的推移而变成现实。葛特曼解释说：“这就有点像自杀，总是威胁要离婚的人将自己未来的道路一点点逼进绝境。”

不要说：“没什么不对。有什么让你觉得不对的？”

而要说：“是的，有些事确实有问题。”

回避问题只会让事情更糟。伤口总是会化脓的，你的痛苦会将你们的关系抛向更为混乱的境地，并逐渐深化。

首先，承认有不对劲的地方，即使你并不准备立即谈论此事。这样做有助于消除紧张气氛并使你们两人处于寻求解决之道的同一条路径上。然后，计划好某天大家坐下来慎重地谈论双方的问题。

在上床之前解决问题是明智之举。但玛克曼指出，如果双方对某些问题存在严重冲突，那么“在上床前硬要将这些烦心事弄出个所以然就并不恰当”。他建议，暂时将怨气放在一边，直到你找到能够处理问题的时间。在你感到不那么疲惫和累的时候，会更容易发现解决问题的方案。

不要说：“你总是偏袒孩子。”

而要说：“父母作为一个整体，我们的意见需要更为统一。”

“总是”这个词是一个红色的危险字眼，充满谴责并常常引发怒火。而且你的丈夫也会因此而处于防御状态，武装自己，只待“一战”。

教育孩子方面意见频繁地不一致，不仅会产生反作用，还可能造成家庭分裂。生活在吵吵闹闹的父母中间，孩子会对你们的不和渐渐习以为常。他们也许会把你们婚姻的不幸归咎到自己身上。所以，在处理这方面的分歧时，一定要避开孩子，将所有的委屈及意见都暂时保留一下。如果你们之间育儿哲学的差异已经大到影响婚姻的程度，你们不妨考虑专业人员的咨询服务。

玛克曼博士建议，可以这样说：“昨天晚上，我在辅导孩子做功课时，你对他说不一定非得完成。我觉得你这样削弱了我对他的教育，而且对孩子也没有帮助。你怎么看呢?”然后，听丈夫作何回答。

不要说:“你怎么能那样对我?”

而要说:“这伤害了我的感情。什么原因你会那样做?”

有不少夫妻在相互指责时，都扮演了受害者的角色。玛克曼解释说:“它间接地表达着你心中的怨气、遭到的羞辱和背叛。”你需要了解你的伴侣这样做的目的。例如，可以这样说:“你没给我打电话我感到很伤心。是什么原因使你昨天晚上不跟我说一声，那么晚还离开家呢?”这样说之后，你们两个人才能以建设性的态度表达各自的观点，从而打破僵局。采用这种方式也意味着你应该做好真正听他说出事实的准备。

不要把话说得太绝

说话要留有余地，不要说得太满太绝。有时，把话说绝也有实际上的需要。但是，除非必要，还是保留一点空间的好，既不得罪人，也不会使自己陷入困境。

小李刚工作时，曾经历过这样一件事。一天，处长把一项采购工作交给他。这项采购工作有着相当的困难，处长问他："有没有问题?"他拍着胸脯回答："没问题，包君满意!"过了三天，没有任何动静。处长问他进度如何，他才老实说："不如想象中那么简单!"虽然处长同意他继续努力，但对他的"拍胸脯"已有些反感。

有一位朋友和同事闹不愉快，他向同事说："从今天起，我们断绝所有关系，彼此毫无瓜葛……"说完话还不到两个月，他的同事成为他的上司，这位朋友因讲过重话，只好辞职他就。

这都是把话说得太绝而给自己造成窘迫的例子。把话说得太绝，就像把杯子倒满了水，再也滴不进一滴水，再滴就溢出来了；也像把气球充满了气，再也充不进一丝的空气，再充就要爆炸了。

当然，也有人话说得很绝，而且也做得到。不过，凡事总有意外使得事情产生变化，而这些意外并不是人能预料的。话不要说得太绝，就是为了容纳这个意外。杯子留有空间就不会因加进其他液体而溢出来，气球留有空间便不会因再充一些空气而爆炸；人说话留有空间便不会因为"意外"的出现而下不了台，可从容转身。所以，很多政府官员在面对记者的询问时，都偏爱用这些字眼，诸如："可能、尽量、或许、研究、考虑、评估、征询各方意见……"这些都不是肯定的字眼。他们之所以如此，就是为了留一点空间好容纳意外。否则，一下子把事情说满了，结果事与愿违，那不是很难堪吗?当然，一个有责任心的政府官员是不应该如此的，但做人做事有时实在是不得不如此。

以下的状况是你在说话时应该注意的：

第一，做事方面。对别人的请托，可以答应接受，但不要“保证”，应代以“我尽量、我试试看”等字眼。上级交办的事当然要接受，但不要说“保证没问题”，应代以“应该没问题，我全力以赴”之类的字眼。这是为了万一自己做不到所留的后路，而这样子说事实上也无损于你的诚意，反而更显出你的审慎，别人会因此更信赖你，即使事没做好，也不会责怪你。

第二，做人方面。与人交恶，不要口出恶言，更不要说出“誓不两立”之类的话，除非有“杀父夺妻”之仇。不管谁对谁错，最好是闭口不言，以便他日需要携手合作时还有“面子”。对人不要太早下评断，像“这个人完蛋了”“这个人一辈子没出息”之类属于“盖棺定论”的话最好不要说。人一辈子很长，变化很多的。也不要一下子评断“这个人前途无量”或“这个人能力高强”。总之，应多用“是……不过……如果”之类的话语。

说三分话，做十分人

俗话说："逢人只说三分话，留下七分自己赏。"有些人也许以为大丈夫光明磊落，事无不可对人言，何必只说三分话呢？老于世故的人的确只说三分话，时刻都会为自己留条后路。你一定认为他们是狡猾，是不诚实。其实，这是最机智的做法。

孔子曰："不得其人而言，谓之失言。"对方倘不是深相知的人，你也畅所欲言，以快一时，对方的反应会如何呢？你说的话，是属于你自己的事，对方愿意听你唠叨吗？

有生活经验的人，一般都只会说三分话。逢人只需说出三分话，不是不可以说，而是不需要说、不必说、不应该说。这与"事无不可对人言"没有什么冲突。只说三分话，留下七分自己慢慢揣摩、欣赏才是明智之举。

说话前须看对方是什么人，如果对方不是可以尽言的人，你说三分真话，已不为少。

彼此关系浅薄，你与之深谈，显出你没有修养；你说的话涉及对方的事，你不是他的诤友，不配与他深谈，忠言逆耳，显出你的冒昧；你说的话属于国家大事，你没有搞清对方的立场就高谈阔论，这样更容易招灾惹祸。

所以，逢人只说三分话，不是不可说，而是不必说、不该说，与事无不可对人言并没有冲突。

事无不可对人言，是指你所做的事，并不是必须尽情向别人宣布。老于世故的人，是否事事可以对人言，是另一个问题。这里讲的只说三分话，是不必说不该说的话，并不是不诚实，也不是狡猾的表现。

由此可见，说话也是一门艺术。话说好了万事好，话说坏了毁前程。所以，在说话前必须考虑清楚，想好了再说。否则，别人会认为你是个有口无脑、缺心少肺之人。

有时，你的三分话正体现了你的职业道德。做医生的人，普通病人的病状，或许可以对人提起；如果是患花柳病的人，你就只字不能对别人提及。

这是医生的职业道德。

经办银行业务的人，其业务的大概情形，或许可以对人提及；但对于存款人的姓名与存款额，你是绝对不可对别人提起的。这是银行职员的职业道德。

这些例子还有很多。有时你因为不能遵守只说三分话的戒条，酿成大祸，往往使你的精神大受折磨，甚至于蒙受更大的损失。

如果你从事的是机密工作或特殊的行业，对人只说三分话，还要局限在重要话题之外。重要话题是一字都说不得的，你说的三分话，应该是风花雪月，应该是柴米油盐，应该是上天入地，应该是稗官野史。总而言之，应该是无关紧要的内容。无关紧要的内容，虽说得头头是道，兴味淋漓，说得皆大欢喜，其实是言之无物，不会引来什么苦恼。

言有尽而意无穷，有情尽在不言中，告诉别人你话中有话，这就是话说三分、点到为止的艺术。这不失为一种大的智慧，既指出对方的错误，又保全对方的面子，也打动对方的心。

“激将”要把握好“度”

所谓“激将”就是通过一定的语言手段刺激对方，激发对方的某种情感，由此引起对方的情绪波动和心态变化，并使这种情绪波动和心态变化朝着我方所预期的方向发展。

某纺织厂曾进口一整套现代化丝袜生产设备。但由于原料与技术力量跟不上，机器被搁置 3 年也未曾使用。

后来，一位新厂长上任了，他决定将这套生产设备转卖给 B 市一家纺织厂。

正式谈判前，新厂长了解到 B 方的两个重要情况：一是该厂虽经济实力雄厚，但资金基本上都投入再生产了，要马上腾挪 20 万元添置设备，困难很大；二是该厂厂长年轻好胜，几乎在任何情况下都不甘示弱，经常以拿破仑自诩。

于是，新厂长决定亲自与 B 方厂长谈判。

谈判中，新厂长说：“昨天在贵厂转了一整天，详细了解了贵厂的生产情况。你们的管理水平确实令人信服。你年轻有为，能力非凡，真使我钦佩。可以断言，贵厂在你这位精明厂长的领导下，不久一定可以成为我国纺织行业的一颗新星！”

B 方厂长笑道：“哪里哪里，老兄过奖了！我年轻无知，恳切希望得到老兄的指教！”

“我向来不会奉承人，实事求是嘛！贵厂今天办得好，我就说好；明天办得不好，我就会说不好。”

B 方厂长说：“老兄对我厂的设备印象如何？不是说打算把你们进口的那套现代化生产设备卖给我们吗？”

“贵厂现有的生产设备，在国内看是可以的，至少三五年内不会有什么大的问题。至于转卖设备之事，昨天透露过这个想法，在贵厂转了一天后，我的想法有所改变了。”

B 方厂长："有何高见?"

"高见谈不上。只是有两个疑问：第一，我怀疑贵厂是否真有经济实力购买这样的设备；第二，我怀疑贵厂是否有或者说能否招聘到管理操作这套设备的技术人才。所以，我并不像原先考虑的那样，确信将设备转卖给贵厂，能使贵厂 3 年之内蒸蒸日上。"

B 方厂长听到这些，觉得受到了对方的轻视，心中大为不悦。于是，他不无炫耀地向对方介绍了本厂的经济实力和技术力量，表明本厂完全有能力购进并能操作管理这套价值几十万元的设备。

经过一番周旋，这位新上任的厂长成功地将"休养" 3 年的设备转卖给 B 方。

"激将"的效果如何，全在于心理刺激的"度"掌握得怎样。有的"稍许加热"即可，有的则要"火上浇油"，有的只需"点到即止"，有的可以"藏而不露"，有的则要"穷追猛打"……

开玩笑，要恰如其分

凡是精明的人，在与人开玩笑时都会为自己留有余地。他们能够把握住开玩笑的度，让玩笑成为缓解气氛、消遣娱乐的好帮手，而不是把玩笑作为攻击他人的一件武器。

有些人开起玩笑来不管不顾，只顾自己与他人开心，而忽视了被开玩笑者的心情，这种行为是做人的大忌。

某广告公司里的一位员工小张，新婚不久就开始发福，原来纤瘦的身材逐渐胖了起来，或许是婚姻有了归属、生活稳定的缘故吧！

有一天，单位一位男同事的妻子来公司给丈夫送东西，不料与小张相遇了，而小张恰好与她是旧相识。大家聊了一会儿，男同事的妻子突然对小张说："哎呀，你怎么搞得呀，现在胖成这个样子，脸胖得都看不到眼睛了，再发展发展真的不堪设想啦！"在场所有人听了，都大笑起来。

可小张的脸色却顿时沉了下来，没说一句话，转身离开了。等笑她胖的人都走了以后，她再也压不住心中的火气，破口大骂。

同事送走妻子回来后，见此情景立即赔不是，场面搞得十分尴尬。后来，小张再也没有与同事的妻子来往。

朋友间开玩笑要讲究分寸，即使双方关系再好，开玩笑也要注意别太过火，避免恶语伤人的现象出现。

有点过但无伤大雅，这样的玩笑还是可以开的。但故事中男同事的妻子与小张开玩笑时的用词，确实太损了些。小张难以接受是有情可原的，与同事的妻子断绝情分也是预料之中的事情。

生活中，因为一个玩笑而造成的悲剧实在是数不胜数。究其根源，大多数是因为玩笑开得太过火，造成恶语伤人。

所以，开玩笑要讲求分寸，千万不能给他人造成伤害，损害了双方关系，那才是得不偿失。

当然，不要因为怕把玩笑开得过了火，就不与别人开玩笑。整天一本正经的，缺少生活情趣，别人也会认为你是一个不可爱的人。所以，生活中与人开玩笑是必然的，但在开玩笑之前就应该加以注意。

任何人都有自尊心，或许他本人不在乎别人的嘲弄，可对他在乎的人遭到嘲弄却不能忍受。如果你没有摸清楚这类人的喜好，就擅自拿他在乎的人开些不得体的玩笑，即使他当时不会对你怎样，可事后也会把你对他造成的伤害记在心里。一个人不可能被另一个人完全了解，这是不争的事实，更何况每个人的喜好厌恶不同。或许，你认为好玩的，在他眼里那只不过是小儿科。归结一点，就是告诉人们，开玩笑时要看人。

许多人喜欢和别人开玩笑或嘲弄别人，可在不知不觉中就将玩笑开得有些过火，伤了双方的情分。因此，在开玩笑之前必须好好动动脑子，管好自己的嘴，以免出口成刀，伤人无形。凡是有批评味道、敏感及隐私问题的玩笑最好不要开，防止玩笑过了火，变成中伤他人的武器。

批评也要讲究度

批评的前提是事实清楚，责任分明，有理有据。无凭无据地批评别人，其结果只能给人留下“蓄意整人”的坏印象。在没有实施批评之前，一定要细致调查、搞清事实，不能听风就是雨，这样极易使自己处于被动局面。

批评是一种艺术，也具有一定的技巧。批评别人而要让他心服口服，就要运用一定的技巧。批评和责备不等于劈头盖脸乱骂一通，批评、责备用得好便可收到良好的效果，否则就有可能发生激烈的冲突。那么，怎样才能做到恰到好处呢?

下面几点可做参考：

第一，请教式批评。

所谓请教式批评，即用请教的口气包含批评的意思，给个台阶让别人下得了台。

有个人正在一个养鱼池里钓鱼。这时，鱼池的主人走了过来。那人心里一惊，糟了，这下不但要挨骂，恐怕还要受处罚！谁知，鱼池主人走近后，指了指池中“禁止钓鱼”的牌子，不仅没有教训他，反而很客气地说：“先生，你在这试钩，是不是太浪费了?”

那人面红耳赤，连忙道歉，收起钓竿走了。鱼池主人把批评变成了请教，既达到了目的，又维护了对方的自尊，使对方心服口服，制止了他的不道德行为。

第二，暗示型批评。

所谓暗示型批评，即不从正面提出批评，而是采取隐晦、含蓄的方法把批评的意思暗藏在谈话之中，巧妙地向对方发出某种暗号，让被批评者自己去理解并接受，促使他改变自己的行为。

某公司总经理助理欧贝和他的女友莎拉决定旅行结婚，准备到风光旖旎的瑞士去度蜜月。

他正在为计划做准备的时候，公司的总经理问他：“你们已经决定要旅行结婚了吗?”

欧贝说：“决定了。”

“真心祝福你们，什么时候出发呀?”

欧贝高兴地说："就这几天吧！"

总经理又无奈地说："唉！公司正要与一个客户谈判并签订一份重要的合约，你是唯一的谈判人选，而且你一向都是以公司大局利益为重的。不巧的是公司签约跟你个人的喜事凑到了一块，你要是走了，公司签约的事还真没有人能替代呀！"

在这个对话中，双方都有理由：欧贝与女友旅行结婚已经决定，无可非议；总经理有一个重要合约要签订，唯一的谈判人选又不能离开。公司总经理无法批评助手欧贝，但在强调欧贝的谈判地位时就暗中含有批评之意，当然也含有期望。

聪明的欧贝不会不了解，而结果不说大家也知道。

第三，安慰型批评。

所谓安慰型批评，即一面指出对方的错误，另一面又对他表示肯定的批评，让犯错者得到真正的安慰。

年轻的莫泊桑向著名作家布耶和福楼拜请教诗歌创作。两位大师一边听莫泊桑朗读诗作，一边喝香槟酒。布耶在听完后说："你这首诗，句子中的意象过多，虽然不易理解，像吃一块牛蹄筋，不过我读过更坏的诗，这首诗就像这杯香槟酒，勉强才能吞下去。"

这个批评虽严厉，但仍留有余地，给了对方一些安慰。把批评的语言用安慰的形式表现出来，这就是批评语言的诀窍。

第四，模糊式批评。

所谓模糊式批评，即使用模糊的言辞替代直截了当的批评，虽没有指名，但实际上已道了姓。

某公司职员工作一度十分松懈，公司经理便召开职员大会进行整顿。

经理说："最近这段时间，本公司职员工作态度大多数是好的，但也有少数人表现不佳，有的迟到，有的早退，有的上班聊天……"这里所使用的"大多数""也有""有的"，都是模糊的语言。用这种语言，既顾及职员的面子，又指出存在的问题，是不指名的模糊式批评，效果比直接点名批评要好得多。

第五，旁敲侧击型批评。

所谓旁敲侧击型批评，即在指责别人时，不从正面直接说明，而是从侧面刺激，当发现苗头不对，由于某种原因又不便正面指出时，便可通过"对事不对人"的方式提出警告。这样做，既可以点出问题让对方心生警惕，又维护了对方的面子，给他们改正的机会。"旁敲侧击"作为一种间接表达方式，从交际的角度出发，它同样可以具有一定的使用价值。

在为人处世中，若你不得不对别人提出批评，一定要委婉地说出，用协商式的口吻而非命令的语气来批评别人，就事论事。要明白，批评的是对方的行为，而不是对方的人格。

慢条斯理地说，胜于强争

在现代处世中，假如你在愤怒之下，对别人发作一阵，你的气也许会随之消失，心中也高兴了。但是，别人呢？当你高兴时，他能分享到一点吗？你那挑战的口气、敌意的态度，会使他轻易赞同你的意见吗？

美国总统威尔逊说过："假如你握紧两只拳头来找我，我想我可以告诉你，我会把拳头握得更紧。但假如你找我来，说'让我们坐下来商谈一番，假如我们之间的意见有不同之处，看看原因何在，主要的症结在什么地方'，我会觉得彼此的意见相离得不是十分远。我们的意见不同之点少、相同之点多，并且只须彼此有耐性、诚意和愿望去接近，我们相处并不是十分难的。"

有这样一个故事：

某工程师嫌房租太高，要求减低一点。但是，他知道房东是一个极固执的人。他说："我写给房东一封信，说等房子合同期满我就不继续住了。但实际上，我并不想搬家。假如房租能减低一点，我就继续租下去，但恐怕很难。别的住户也曾经交涉过，都没成功。许多人对我说，房东是一个很难对付的人。可是，我自己心中说，我正在学习如何待人这一课，我要在他身上试一下，看看有无效果。

"结果，房东接到我的信后，便带着他的租赁契约来找我。我在家热情地招待了他。一开始，我并不说房租太贵，我先说如何喜欢他的房子，请相信我，我确实是'真诚的赞美'。我表示佩服他管理这些房产的本领，并且说我真想再续住一年，但我负担不起房租。

"他像从来不曾听见过房客对他这样说话，他简直不知道该怎样处置。随后，他对我讲了他的难处。以前，有一位房客给他写过40封信，有些话简直等于侮辱。又有一位房客恐吓他说，假如他不能让楼上住的一个房客在夜间停止打鼾，就要把房租契约撕碎。他对我说：'有一位像你这样的房客，心里是多么舒服。'不等我开口，他就替我减去一点房租。我想能多减点，我说出所能负担的房租数目来，他二话不说就答应了。

"临走的时候，他又转身问我房子有没有需要修缮的地方。假如我也用别的房客的方法要求他减房租，我敢肯定也会像别人一样遭到失败。我之所以胜利，全赖这种友好、同情、赞赏的方法。"

但愿这个故事能给我们一些深刻的启示。

第九章

好话丑话全靠一张嘴

俗话说："一言兴邦，一言丧国。"虽然每个人都会说话，但说话说得好的却不多。会说话的，能把丑话说成好话；不会说话的，能把好话说成丑话。这就要求表达者说话要有技巧与智慧。

规劝别人的话要顺耳

“良药苦口利于病，忠言逆耳利于行。”这句话重复多了，人们就会形成错觉，规劝别人的话必须难听，不难听的话不配称“忠言”。

商朝末年，纣王昏庸无道，比干丞相为了江山社稷，多次向纣王进谏。纣王不但没有将他的进谏听入耳，记于心，反将其剖心处死。

事实也未必尽然，关键看你怎样说，会说的人也能让忠言不逆耳。在现代社会中，有些领导往往比较自信，甚至自负，而且做事往往会独断专行。当你发现他的错误时，要怎么才能把忠告说到他的心坎里呢?

第一，突出你的诚意。为别人献忠告，最重要的是让对方体会到，你是诚心诚意为他好，完全是出于一片好心。当你指责他人时，如果让对方感觉到你并不是出于关心才批评他，而是另有所图。他不但不会接受你的批评，反而会把你当作他的一个敌人，马上与你针锋相对。为别人提出忠告，必须怀着一颗体谅的心。虽然他在做事时某些方面还需要改进，但说不定他有难言的苦衷。所以，在献忠告时，还要高呼理解万岁，不要只讲结果不讲过程。

第二，用事实说话。为别人献忠告，要建立在事实真相的基础上，捕风捉影、无中生有只会弄巧成拙。只有在了解事实真相的情况下，才能正确地判断是否有必要提出忠告，忠告该怎样去提，以什么样的角度提，取得的效果比较好。假如你身为一个公司职员，没有了解公司的各项业务、管理模式及背景，就妄自提出自己的看法，这样很难获得领导对你的信任。不但如此，领导还会认为你是一个只会夸夸其谈的无能之辈。职场如此，社交场依然如此。在你不了解朋友的意图时，就对他的行为评头论足，只会增加他对你的怨恨。

第三，注意说话时采用的措辞。只将以上两条运用到为他人献忠告或提意见中还不够，在进献忠告时，还要注意你的措辞，要不然就很容易得罪人。身为一名领导，如果对自己的员工说这样的话，如“现在的年轻人太狂妄”“不用管他，反正受损失的不是我们”“有这样的想法简直太可笑了”……这样的领导就是缺乏素养的不合格的领导，不值得员工去拥护他。虽然领导有指导属下的义务，而这种义务的体现应该是以关爱做基础，以恳切的忠告作为帮助下属前进的动力。只有这样，才能获得良好的人际关系。

第四，进忠告需讲“场合”。在大庭广众之下为他人提忠告，往往很难让人接受。因为提出忠告的时候必然会涉及对方的缺点，有可能触动对方的伤疤。人有脸，树有皮。任何人被当众揭短，都很难忍受，很容易下不来台，从而产生抵触情绪。因此，即使你是善意的，他人也不会领你的情。

第五，注重时机的把握。在一般情况下，人在感情冲动时，很难采纳他人的忠告。这是因为，这时人们的理智正处于混乱阶段，很难分辨出你的用意。如果选在这个时候提出忠告，不仅不能解决问题，反而会惹来一身麻烦。

第六，简明扼要地突出重点。提出忠告的时候，简明扼要很重要。思路杂乱，言语啰唆，肯定会影响忠告被采纳的概率。

第七，给对方留有回旋的余地。提忠告时，不能把对方的路堵死，切勿将他批评得一无是处，该隐藏的还是要隐藏。否则，很容易引起对方的逆反心理，形成破罐破摔的局势。最终，忠告没提成，反倒被别人误会为存心不良。在含蓄指责的同时，不妨加些赞美。例如：“你平时工作很努力，表现得也很积极，唯一的一点小毛病就是欠缺那么一点稳重。如果做事前再谨慎些，前途就更明亮了。”用这种口气跟他说话，对方感受到的不是批评而是鼓励，肯定非常愿意接受你的忠告。“有话不能直说，直说会害人。”很多人都能体会到这句话的真正含义。有些时候，你明明出于好意向别人献上你的忠言，而别人不但不领情，反而弄得你“猪八戒照镜子”，里外不是人。出现这种现象的原因何在呢？大多数是说话直来直去造成的。

同样的一个忠告，不同的提法可能会为你赢得尊敬，也有可能给你惹来不必要的麻烦。所以，在为他人提忠告时，千万要谨慎行事，点到为止，留有余地。

说“不”，要注意方式

不注意方式地说“不”，不仅会伤了别人的面子和自尊，也会损坏自己的形象，减弱自己的威信。

不管你有多大能耐，你都不可能什么事都答应别人。说拒绝也要玩“手腕”，不会说“不”是傻子，说不好“不”也是欠精明。

我们常常会遇到如下情况：当别人有求于你，而你出于各种原因，不能接受，不好直说“不行”“办不到”，怕伤害对方的自尊心；对方提出一些看法，你不同意，既不想讲违心之言，又不愿直接顶撞对方；你看不惯对方的行为，既想透露内心的真情，又不愿表达得太直露，以免刺激对方。为了很好地应对上述种种情况，就要在社交活动中学会巧妙拒绝，根据不同情境善于说“不”。这种拒绝的艺术可采取如下的方式方法：

第一，假托直言。直言是对人信任的表现，也是与对方关系密切的标志。但是，有时直言可能逆耳，能收到预期的效果。在这种情况下，要拒绝、制止或反对对方的某些要求、行为时，可采取假托非个人的原因作为借口，而加以拒绝，这样对方就容易接受。例如，某报社的推销员登门要求你订阅他们发行的报纸，可你不想订阅。你可以很有礼貌地说：“谢谢。你们的服务很周到，可我家已经订阅了其他几家报社的报纸了，请谅解。”

第二，模糊应对。在交往中，由于某种原因不愿意或不便于把自己的真实想法说给对方，这时就可以用模糊语言来应对。例如，在医院里，一位患有严重疾患的病人问医生：“我的病是不是很重？还有康复的希望吗？”医生回答：“你的病确实不轻，但经过治疗，安心养病，慢慢会好的。”这里的“慢慢会好”是模糊语言。这“慢慢”是多久，是说不清的，但给病人以希望，对病人是一个极大的安慰。

第三，妥协应对。这种方法是明确表示你希望满足对方的要求，并表示同情。可是，实际上心有余而力不足，请对方谅解，而不直接拒绝。这样也能收到良好的效果。例如，客户要求电信局安装市内住宅电话。由于供不应求，无法一一满足，但又不能拒绝客户的要求。回答时，应表示同情，并热情地说："满足客户的要求是我们应尽的责任。可是，由于目前线路短缺，还不能全都解决，我们正在创造条件，请您耐心等待。"

第四，选择应答。选择应答是对对方提出的问题，有选择地回答，而不直接否定对方提出不合己意的问题。例如，你的同学问你："某某小说写得很不错，你认为怎样？"你可以这样回答："还可以，不过我更喜欢某作家的某一本小说。"再如，星期天，你的妻子说："今天我们去看话剧好吗？"而你不愿去，却说："去看电影怎么样？"这样回答不会引起对方的反感，对方还可能会同意你的意见。

第五，巧避分歧。对某一人某一事物有不同的看法，而你又一时说不出谁是谁非，这时就要本着"求大同，存小异"的原则，用巧妙的辞令含蓄地加以回避。例如，有人问文艺理论家："你对当前争论最大的演员×××是怎样看的？"理论家回答："过去我与×××素不相识，直到前不久开会时听了她的发言才算认识了她。关于×××的争论，我不了解，无从谈起。我只觉得对于像她这样的优秀演员，我们一定要珍惜，不应过多地苛求。我们这一代人，生活的人文环境不好，文化的营养很不足。在这种条件下，能够达到这样的表演艺术水平，太不容易了。我们应充分敬重她，不要苛求我们的演员。苛求，是一种罪恶。"这样就巧妙地避开了争论的问题，同时又说出了一般人对×××持有的看法，可谓巧避分歧。

第六，用幽默表示拒绝。在交往中幽默能使气氛活跃，幽默可以缓冲某种紧张情绪，幽默可以使人摆脱困境。前美国总统罗斯福在当海军军官时，一次，一位好朋友问他关于美国新建潜艇基地的情况。罗斯福不好正面拒绝，就问他的朋友："你能保密吗？"朋友回答"能。"罗斯福笑着说："我也能。"对方听后就不再问了。

在人际交往之中，既要敢说"不"，也要善说"不"，更要会说"不"。只有这样，你才能应付自如，不得罪人。

不同的方式，不同的效果

说话的内容固然相当重要，但别人的评价好坏与否，自己给人的印象如何，以及人们彼此之间的接触和联系，全靠说话的方法而定。

人们都知道，同样的一件事情常有种种不同的表现方式，诸如它所影射的含义，它的微妙差异，以及说话时应付出多少热忱等，这些都是值得我们注意的。因此，在说话之前，应该先仔细考虑说话时应具备的态度和如何连贯自己的思想等问题，这并不是一件浪费时间而毫无意义的事情。

多年来，罗克常到离家不远的公园中散步和骑马，以此作为消遣。罗克非常喜欢橡树，每当看到公园里的一些橡树被烧掉时，他就十分痛心。这些火差不多都是由到园中野炊的孩子们造成的。有时火势很凶，必须叫来消防队才能扑灭。

公园的角落里有一块牌子，警告人们不要在公园玩火，违者罚款。但由于牌子在角落里，很少有人看见它。公园里有一个警察负责骑马巡逻，但他对自己的工作不太认真，火灾仍然时常发生。

有一次，罗克又看到公园失火，就急忙跑去告诉警察快叫消防队。可没想到，那家伙却说那不是他的事。罗克非常失望。以后，罗克再到公园里散步的时候，就担负起保护公园的义务。当他看见树下起火时就非常生气，急忙上前警告那些野炊的孩子，用威严的辞令命令他们把火扑灭。如果他们不听，就会恐吓要把他们交给警察。就这样，罗克只是按照自己的想法去做，只是在发泄自己的情感，全然没有考虑孩子们的感觉。

结果呢，那些儿童怀着一种反感的情绪暂时遵从了。等罗克转过身去的时候，他们又生起了火堆，并恨不得把整个公园烧尽。

随着时间的推移，罗克逐渐懂得了与人相处的道理，知道了怎样使用说话的技巧。于是，他不再发布命令，甚至恐吓，而是说："孩子们，玩得高兴吗？你们在做什么晚餐？我小时候，也很喜欢生火，直到现在我仍然很喜欢。但你们知道，在公园里生火是很危险的吗？我知道你们几个会很小心，但别的孩子就不一样了。他们来了也会学着你们生火，回家的时候却又不把火扑灭，这样就会烧掉公园里的所有树木。如果我们再不谨慎的话，我们就不会再看到这里的树木了。因为在这里生火，还有可能被警察抓起来。我不干涉你们的兴致，我很愿意看到你们开开心心的。但我想请你们在离开时，把火用土埋起来，并把火堆旁边的干枯树叶拨开，好吗？你们下次来公园玩时，可不可以到山丘的那一边，就在那沙坑里点火，那样就不会有任何危险了。多谢了，孩子们，祝你们玩得快乐。”

这样的说法，产生的效果可好多了！孩子们听了之后，都很愿意接受和合作。他们没有被强制服从命令，罗克为他们保全了面子。双方的感觉都很好，因为罗克在处理这件事时，完全掌握了说话的技巧。

每个人都会说话，但每个人说话的效果却千差万别。为什么会这样呢？原因就在于说话的方式不同。

一个人如果善于言辞，口才好，就可能把自己的工作生活安排得有趣高效而且非常愉快，不仅使自己快乐，也使他人快乐。

尴尬场合，用幽默来解脱

幽默是一种有价值的思维品质，它表现为机智地处理复杂问题的应变能力。幽默来源于对世间事物的洞察，含笑面对人生中的矛盾或冲突，它常是人们处于困境时实现自我解脱的一种方法。

苏格拉底是古希腊伟大的哲学家，年轻时有一头非常漂亮的头发。后来，由于他潜心研究哲学，用脑过度，年纪大后，脑门和后脑勺上的头发都掉光了。一个有着一头漂亮金发的年轻人揶揄地问他："尊敬的大哲学家，是否头发越少，就意味着学问越多呢?"苏格拉底说："那可不一定，如果脑子里面是空的，即使长着一头浓密漂亮的头发，又有什么用呢?"

苏格拉底对别人的错误从不采取指责的态度，而是采取一种迂回的方式。他的妻子是一个心胸狭隘并且性格冥顽不化的悍妇，每天对苏格拉底唠叨个不停，而且还会动辄破口大骂。有个人曾经问苏格拉底："您是一位非常有名的哲学家，怎么找了一个这样的女人呀?"

而苏格拉底却幽默地说："你们有所不知，善于骑马的人往往会挑选一匹烈马。我如果能忍受住我妻子的话，那么天下不就没有我难以相处的人了吗?"

还有一次，苏格拉底正和一些学生讨论问题，他的妻子不知为了什么事跑来，当着众多学生的面，没有任何理由地就把苏格拉底骂了一顿，并且还随手端起一盆水泼了他一身。当时，所有学生都惊呆了，都瞪眼看着苏格拉底如何回应。这样的局面给苏格拉底造成了一种难堪、一种尴尬。但是，苏格拉底却纹丝不动，只是很平静地说："雷鸣闪电以后，一定是倾盆大雨!"这句话逗得大家哈哈大笑。

用一句幽默的话将那些不愉快的事付之一笑，从而使紧张的气氛即刻云开雾散，这就是幽默的力量。苏格拉底就是利用幽默的语言，使自己在轻松的笑声中摆脱了尴尬局面。经过这件事后，他的妻子很后悔，决心改掉自己的坏脾气。

幽默是一个人的学识、才干、智慧、灵感在语言表达中的闪现，是一种“能捉住可笑或滑稽想象的才能”。它是对社会上的种种不和谐、不公道的荒诞现象、偏颇、弊病、抵触本质的揭示和对某些反惯例知识言行的描写。幽默语言可以使我们心坎的紧张和重压开释出来，化作轻松的一笑。在沟通中，幽默语言如同润滑剂，可有效地下降人与人之间的“摩擦系数”，化解冲突和抵触，并能使我们从容地摆脱沟通中可能碰到的困境。幽默的作用是十分明显的，主要表现在以下几个方面：

第一，语言的润滑剂。使用风趣幽默的语言，可以拉近朋友间尤其是新结识的朋友间的距离，促使双方很快熟悉起来。

第二，缓和矛盾，避免尴尬。

第三，开展批评的手段。使用幽默的语言，使对方无法产生抵触情绪，以期达到批评的目的。

第四，自嘲作用。在公共场所，你不可避免地会碰到尴尬的处境。这时候，如果能用几句幽默的语言进行自嘲，便会缓解气氛，使自己走出困境。

当然，使用幽默语言不仅要才思敏捷，能言善辩，对生活具有深刻的体验和对事物有较强的观察力，而且还要有一定的文化素质和语言表达能力，反应迅速，能够随机应变。

使用幽默语言，要注意下面三点：

第一，格调高雅，切忌粗俗。幽默能够使人发笑，在笑声中消除紧张与难堪，愉悦情怀、感悟哲理。幽默是人们文化层次提高，社会文明程度增强的标志。而粗俗的笑话只能给人以油滑的感觉，是一种低层次的东西，起不到愉悦性情、净化心灵的作用。

第二，注意对象、时机。幽默口才固然能起到积极的作用，但若不看对象、不看时机，便会引起对方的不满和愤怒。譬如，在长辈和师长面前，在对方伤感的时候，最好能严肃一些，免得落个讨人厌的下场。

第三，明确动机。幽默讲求含蓄。它不是尖刻的讽刺，又有别于恶意的嘲笑，也不是愤怒的谴责。幽默实际上是对社会上一些不良现象的善意的批评，通过“笑”给人以启示。这一点必须明确。

清代才子纪晓岚应邀参加一贵妇人的寿宴。主人久闻纪晓岚才华横溢，便请他赋诗祝寿。纪晓岚也不客气，随口道：“这个婆娘不是人。”语毕，满座皆惊，主人明显露出不悦之色。纪晓岚亦未理会，随后念出第二句：“九天仙女下凡尘。”这时候，大家击掌称妙，贵妇人的脸色由阴转晴。纪晓岚接着说道：“子孙宾客都是贼。”在座的人面面相觑起来。纪晓岚不理不睬吟出末句：“偷得蟠桃献慈亲。”言毕，大家又举手齐声叫好。

在这里，纪晓岚采用的是倒置法，即在特定情况下倒置事物的正常关系，产生使人发笑的效果。

美国一位心理学家说过：“幽默是一种最有趣、最有感染力、最具有普遍意义的传递艺术。”只要我们注意观察，善于总结，不断提高自己，一定会成为一个富有幽默感的人，赢得更多的朋友。

打圆场，需高招

需要打圆场的事总是很多，有时要为自己的过失找圆场，有时要为别人的争执吵闹当“裁判”。如果弄得不好，只会火上浇油，不仅不会息事宁人，还会扩大事态。

生活中，我们常会遇到一些争端，这些争端以常法去解决往往不那么能轻易解决。这时候，换一种思路，找到能消除障碍的法宝，让他想争也争不起来，问题自然迎刃而解。

刘复才为江夏县知事时，为人极为机敏，常常在两方争执不下之际，他一两句话就为双方打了圆场。都督张之洞和抚军谭继洵平时意见就不太一致。这天，刘复才在黄鹤楼设宴，二公及其他客人都在座。酒过三巡，诸位都有不少醉意了。忽然，一位客人不知怎么谈起了武汉江面有多宽的问题。谭继洵说有五里三分宽，他的话音未落，张之洞就说道：“不对！我记得确实，是七里三分宽。”

两人顿时争执起来，互不相让。旁边坐着的诸位客人劝说，也无济于事。大家一下子都不知道说什么好，只好任由他俩争执。

刘复才坐在末座，看见席间这番争执，感到不好，继续争下去，搞得不欢而散可就糟了。他急中生智，徐徐举起手来，说道：“江面水涨，则宽七里三分。水落，则五里三分宽。张公是就水涨时说的，谭公则是就水落时说的。两位先生都没有错。”

张之洞和谭继洵听到这话，顿时哈哈大笑起来，席间顿时恢复了原有的轻松气氛。

旁座的客人为刘复才的片语解纷的机敏而折服。

世事难料，许多变化都出人意料。在遇到各种特殊情况时，若不能遇势转换，整个场面都会陷人尴尬的境地。但若能镇定借用环境，巧妙说话，一定会取得出奇制胜的效果。

大太监李莲英为人机灵、嘴巧，无论在什么样的场合，面对什么样的人物，他都能凭着他的巧嘴去周旋应付。李莲英也常常帮慈禧太后打圆场，摆脱困境。因此，他深得“老佛爷”——慈禧太后的喜爱。

慈禧太后爱看京戏，所以不断有戏班子进宫专门给老佛爷演出。由于慈禧喜怒无常，这些戏子们都提心吊胆。演得好了，老佛爷开心，便赏赐他们一些小玩意儿，以示皇恩浩荡；演得不合老佛爷的胃口，他们便有掉脑袋的危险。

有一次，著名的京戏演员杨小楼率领他的戏班进宫给老佛爷演出。这天，慈禧心情舒畅，看完戏后，把杨小楼召到跟前，指着满桌子的糕点说：“这些都赏赐给你，带回去吧！”

哪有赏赐糕点的，何况慈禧这人极为奢侈浪费，她一顿饭点二百多道菜，可想而知那些糕点也绝不会少。杨小楼心想，这么多糕点，我怎么带回去呀？

于是，便叩头谢恩，壮着胆子说：“叩谢老佛爷，只是，这些尊贵之物，奴才不敢领，请……另外恩赐……”这话把周围的宫女太监们可吓了一跳。按老佛爷的脾气，赏赐你的东西你不要，还敢要求另外赏赐，这不是找死吗？哪知，这天偏偏慈禧心情出奇地好，并未动怒，只是问了一句：“那你要什么？”

杨小楼又叩头道：“老佛爷洪福齐天，不知可否赐个字给奴才。”

慈禧听了，一时高兴，也想露一手给大家瞧瞧，便让太监捧来笔墨纸砚。慈禧大笔一挥，一个硕大的“福”字就写成了。

没想到的是，慈禧的这出戏却演砸了。她把“福”字写多了一个“点”。在慈禧身旁的一位小王爷眼尖嘴快，马上告诉了慈禧：“福字是‘示’字旁，不是‘衣’字边！”

杨小楼一看，可不，确实错了，这可怎么办？若是拿回去，肯定会遭人议论。再要是传到慈禧的耳朵里，不知又有多少人要遭殃了。不拿吧，慈禧动怒，自己也不会有好下场。要也不是，不要也不是，一时急得他直冒冷汗，气氛一下子紧张起来。

而慈禧也觉得为难，确实是自己写错了，不想让杨小楼拿出去丢人现眼，但自己也无法开口说重写。

这时，一旁的李莲英灵机一动，不慌不忙地走向前，笑呵呵地说：“老佛爷洪福齐天，她老人家的‘福’自然要比世人的多一‘点’了。要不，怎么显示出她老人家的高贵呢？”

杨小楼一听，马上会意了，连忙叩首道：“老佛爷这万人之上之‘福’，小人怎敢领呢！”

慈禧正愁没法下台，听这么一说，也就顺水推舟，笑道：“好吧，改天再赐你吧！”

就这样，李莲英的一句话化解了慈禧的一次窘境。这样的奴才岂能不讨主人喜欢？

古人云：“大凡临事无大小，皆贵乎智。唯随机应变足以弭患济事者也。”要善于把握稍纵即逝的机会，就要学会随机应变的口才本领，才能让你灵活自如地周旋应付复杂的事情。

人间需要“和事佬”。有机会充当这样的角色，是很有意义的事。有时候，双方陷入僵局，相持不下，顾及脸面，谁也不愿摆出高姿态，给对方一个台阶。这时，“和事佬”就大有用武之地了。“和事佬”最高超的功夫，就是“打圆场”。

三言两语解难题

任何人都无法估计突发性的事件在什么时候降临，任何人也无法预先做好应变的准备。所以，怎样根据眼前的具体环境采取不同的策略，是一个人应变能力与分析能力的直接体现。

一天，在电影院门前看海报的夏姑娘被三个家伙缠住。经过一家点心店时，夏姑娘走了进去。店里人很少，夏姑娘在一方桌前坐下。接着，三个家伙也随之在方桌的对面坐下，眼盯着她，好像等她决策。夏姑娘的心一阵乱跳，但故意装出一副媚态，眼睛在三个家伙脸上慢慢扫描。最后，她的眼睛看着对面的家伙，两只脚却在桌下分别踩了一下另外两个家伙的脚，神秘兮兮地笑笑，小声说："晚上七点，平安电影院门口，好吗?"姑娘同时发出三个暗号，三个家伙都自以为她是对自己说的，各自得意扬扬地走了。夏姑娘这才甩掉了"尾巴"，平安地回了家。

有时你面对一起突发事件或一个刁钻的问题，不知所措固然不行，试图一五一十地把问题解释清楚也不是一个好办法。这时，最好面不改色心不跳，同时迅速做出反应，以简单而又能避其锋芒的语言化解。

1972 年 5 月，在维也纳的一次记者招待会上，《纽约时报》记者马克斯·弗兰克尔向基辛格提出美苏会谈的"程序性问题"。

"到时，你是打算点点滴滴地宣布呢，还是来个倾盆大雨，成批地发表协定呢?"

基辛格回答："我打算点点滴滴地发表成批声明。"全场顿时哄然大笑。

那位记者发问的方式是选择提问，如果基辛格照他那样选择其中一个来回答的话，都不算是妥当的。基辛格巧妙地使用模糊语言，机智地摆脱了尴尬的困境。

如果属非原则性的争论，双方各执己见，而这场争论又没有必要再继续下去。那么，作为"和事佬"，又如何"打圆场"呢？如果力陈己见，理论一番，恐怕不会有效。这时，不妨岔开话题，转移争论双方的注意力。

南齐太祖萧道成提出要与当时的著名书法家王僧虔比试书法，君臣二人都认真地写了一幅楷书。然后，齐太祖傲然地问王僧虔："你说说，谁第一？谁第二？"王僧虔不愿贬低自己，又不敢得罪皇帝，于是答道："为臣之书法，人臣中第一；陛下之书法，皇帝中第一。"齐太祖听后，只好一笑了之。王僧虔这种分而论之的回答是相当巧妙的，表面上是顾及皇帝的尊严，君臣不能互相比较，实际上是回避了既不愿贬抑自己，又不敢得罪皇帝的难题。

说话应变是一种智慧的较量，当你正常说话行不通时，不妨换一个角度、换一种说法，事情可能就水到渠成地解决了。

骂人不带脏字，你定赢

有这样一个故事：

宋朝著名的大文豪苏东坡外出游玩，玩了一整天，又累又渴，远远看到一个小寺庙，便喜出望外地跑过去想要讨杯水喝，顺道休息一下。

庙里的老僧看到穿着极为普通的苏东坡，对他爱理不理。为了想喝水，苏东坡只好报上姓名。老僧一听，原来是赫赫有名的苏大学士，瞬间变了一个样，不仅百般殷勤地奉上好茶，还请苏东坡到上等客房休息。

待苏东坡欲离去时，老僧脸上的笑容甜得像喝了蜂蜜一样，谄媚的话说了一连串。之后，他又要求苏东坡题字留念。苏东坡面对这个势利鬼，倒也不摆架子，立刻拿起笔来写了一副对联："日落香残，免去凡心一点；火尽炉寒，备把意马牢拴。"

老僧得到大学士的手迹，非常兴奋，把它挂到大堂之上，并且不时地对过往香客炫耀一番。

一天，一位文人来到寺庙里，一见到挂在大堂中央的这副对联，忍不住捧腹大笑。老和尚莫名其妙。这个文人上气不接下气地解释道："这幅字写得真妙，日落香残是个'禾'字，'凡'字去了一点就是'几'字，合起来就是个'秃'字。'炉'去火是为'户'，再加上马就是'驴'。所以，苏大学士是在骂你'秃驴'哪！你竟然还这么得意！真是笑死人了！哈哈……"

苏东坡文采飞扬，骂人不带脏字，让老僧自取其辱，还不知道是怎么一回事。如果你自认为有苏东坡的文采，当然可以畅所欲言，道尽你心里想骂的话。如果没有，你又有什么资格去骂别人？

清代的纪晓岚与和珅同朝为官。纪晓岚任侍郎，和珅任尚书。

有一次，两人同饮。和珅指着一只狗问："是狼（侍郎）是狗？"纪晓岚非常机敏，立即意识到和珅是在拐弯抹角地骂自己。于是，他泰然自若地说："垂尾是狼，上竖（尚书）是狗。"

"是狼"与"侍郎"谐音，"上竖"与"尚书"谐音。和珅用谐音攻击纪晓岚，自以为稳操胜券，聪明卓绝。没想到，纪晓岚用同样的技巧，以其人之道还治其人之身，使狡猾的和珅没有占到丝毫便宜。

汉武帝即位之后，开始讨厌抚养自己长大的乳娘，嫌她好管闲事，事无大小都插嘴，后来便决定将她赶出宫外。

乳娘在皇宫住了几十年，不愿离开宫廷。无奈之下，她便向汉武帝身边的红人东方朔求助。东方朔安慰她说："这没什么困难，只要在向皇上辞行的时候，多回头看皇上两次，我就有办法了。"

东方朔深知汉武帝是乳母一手抚养大的，乳母对他的恩情胜似生母。但乳母也确有不是之处，喜欢多嘴饶舌。尤其是汉武帝已经贵为一国之君以后，她却不知收敛，常常毫不客气地指出他的缺失，使汉武帝下不了台。但乳母终究是乳母，虽有小过错，还不至于非把她赶出宫不可，因而东方朔决意帮助乳母。

到了送乳母出宫的日子，她叩别汉武帝后，满眼泪水，频频回头望汉武帝。东方朔乘机在一旁大声说："喂！乳娘，快点走吧，皇上早已经长大，用不着喂奶了，还担心什么呢？"

汉武帝一听到此话，不禁一颤，心中感到十分难过，想起自己是乳母喂养长大的，而且她又没犯什么重大过错，就立刻回心转意，让她继续留在宫中。

荷姆斯曾经写道："夸人只需要舌头，骂人却需要智慧。"

的确，钟的完美不在于走得快，而在于走得准确；指责别人的话不在于脏，而在于是否能切中这个人的要害……

求人办事，说话有技巧

在这个纷繁芜杂的社会里，求人办事是稀松平常的事。虽然人们常说“求人难”，但也不至于难于上青天。只要你掌握一定的说话技巧，一切困难都将迎刃而解。

首先得承认，求人办事并不是一件容易的事。那么，怎样才能使被求者乐意答应自己的请求呢？

求人时的语言要做到诚恳，不强加于人（有时还需要委婉）。所谓诚恳，是指要让被请求者感到你是发自内心地求助于他，从而重视你的请求。

不强加于人是指不用命令的语气，而多用委婉、征询的口气。例如，尽可能地使用“麻烦……”“劳驾……”“可以……吗”这类句式，即使对相识者也不妨这样。

下面，我们介绍几种运用求人语言的具体技巧，也许会有助于你的请求得到最理想的答复：

第一，以情动人。这一般用于比较大的或较为重要的事情上，把对人的请求融入动情的叙述中，或申述自己的处境，以表示求助于人是不得已之举；或充分阐明自己所请求之事并非与被请求者无关，以使对方不忍心无动于衷、袖手旁观。

第二，先“捧”后求。所谓“捧”，是指对所求的人的恰到好处、实事求是的称赞，并不包括那种漫无边际、肉麻的吹捧。求人时说点对方乐意听的话，尤其是就与所求的事有关的方面称赞对方一下，也不失为一种求人的好办法。

第三，“互利”承诺。这是指在求人时不忘表示愿意给对方以某种回报，或将牢记对方所提供的好处。即使不能马上回报对方，也一定会在对方用得着自己的时候鼎力相助。配以“互利”的承诺，让对方觉得他的付出值得，同时也会对求助者多一分好感。

第四，寻找“过渡”。倘若向特别要好和熟悉的人求助，可以直截了当、随便一点。但有时求助于关系一般的人、生人或社会地位较高的人时，则常常需要一个“导入”的过程。这个导入过程可长可短，得视情况而定。

此外，求人办事时还要尽量防止自己的话无意间冒犯了对方。所以，在有求于人时，应事先对对方有所了解。若无意中冲撞了对方，岂不前功尽弃？

懂得变通，才能游刃有余

一个人要想在职场中如鱼得水，灵活应变，则需要在说话中下大功夫。

历史上有名的巨贪和珅就是凭借自己精明老练的言谈才赢得乾隆皇帝的信任，最终飞黄腾达，权倾朝野的。

清朝的乾隆皇帝爱新觉罗·弘历在中国历史上是一个赫赫有名的人物，其文治武功，彪炳史册，开创了大清帝国的全盛之世。但在其后期统治中，大清帝国逐步进入衰落时期。在这个由盛转衰的过程中，被人称为“乾隆朝一等权臣”的和珅的专权乱政、祸国殃民是关键原因之一。

乾隆皇帝执政期间，是和珅一生中的重要转折点。在这一年，和珅巧逢机缘，从此飞黄腾达。这一突然的时来运转，可能和珅自己也未曾料到。事情的缘由是这样的：

一天，乾隆皇帝外出狩猎，仓促间求黄龙伞盖不得。乾隆顿时火冒三丈，喝问道：“这是何人所为?”皇帝发怒，非同小可。一时间，各官员瞠目相向，不知所措。而和珅却应声答道：“典守者不得辞其责!”他声音洪亮，口齿清晰，语言干脆。

乾隆皇帝不禁一怔，循声望去，只见说话人仪态俊雅，气质非凡。乾隆不禁更为惊异，叹道：“若辈中安得此人!”问其出身，知是官学生，虽然学识不高，但毕竟乃读书人出身，这在侍卫中也属凤毛麟角了。乾隆皇帝一向重视文化，尤重四书五经，对一些读过四书五经的满族生员，当然更加另眼相看。所以，一路上便向和珅问起四书五经的内容来。这和珅虽学问不在，可对四书五经倒稍能记忆，居然对答如流。至此，和珅进一步引起了乾隆帝的好感，遂派其总管仪仗，升为侍卫。从此，和珅官运亨通，青云直上。一次偶然的机遇，便为和珅铺平了升迁之路。

和珅在乾隆面前巧妙运用了几句话，便官运亨通，不可一世。这充分表明他懂得看人说话，说人家爱听的话。

要在职场上立于不败之地，学会“见什么人说什么话”非常重要。俗语说得好："百人百性百脾气。"同一句话针对不同的人说出来，通常会有不同的效果。在公司里说话，你只有先看清楚了对方，摸准了他们各自的"痒处"，你才能做到"逢人说人话，逢鬼说鬼话"。只有做到这一点，你才有可能赢得好人缘，得到上司的垂青。

一般来说，公司里不乏以下几类人：

第一，固执己见者。这类人为了坚持自己的意见和主张，绝不肯轻易听取别人的建议。你要想反驳，必须拥有具体可靠的证据，同时最好联合与你意见相同的人，共同向他进攻，这样才能奏效。

第二，自以为是者。这类人不仅酷爱高谈阔论，还会强烈地炫耀自己的高明。对付这类人，你的耳朵比嘴巴更有力。因此，你最好冷静地听他说话，不要去打击他的"热情"。

第三，腼腆害羞者。对这类人，你能诱导他说话才是你的成功。你可以从说身边的事情开始，慢慢地转换到谈他内心的观点、看法和经验。所谓"抛砖引玉"，便是你应该追求的境界。

第四，冥顽不灵者。这类人极不善变通，适应能力和接受能力较差。一旦他们有先入为主的观点，你的看法便很难被他理解。你与他交谈，要有足够的耐心，摆事实讲道理，慢慢地说服他。

第五，攻击性强的人。这类人是公司里喜欢争斗的代表。只要不合他的心意，他便可能引经据典，驳你一个哑口无言，全然不顾别人的感受。面对这种人，你最好回避。实在要与他打交道，你也要找人陪同，避免一对一的交锋。

总之，在语言表达上懂得适度变通，你才能在职场上游刃有余。

生意是说成的

有的人说起话来娓娓动听，让人浑身舒服，忍不住会同意他的说法；有的人说起话来像是一柄利刃，令人感觉浑身不自在；有的人说起话来，一开口就使人感到讨厌。所以，说话获得的效果，也正像人的面貌的各有不同一样。

一个周末，许多青年男女伫立街头。他们中间有不少人是等待与情侣相会的，有两个擦鞋童，正高声叫喊着以招徕顾客。

其中一个说："请坐，我为您擦擦皮鞋吧，又光又亮。"

另一个却说："约会前，请先擦一下皮鞋吧。"

结果，前一个擦鞋童摊前的顾客寥寥无几，而后一个擦鞋童的喊声却收到了意想不到的效果，一个个青年男女都纷纷让他擦鞋。

这究竟是什么原因呢？

第一个擦鞋童的话，尽管礼貌、热情，并且附带着质量上的保证，但这与此刻青年男女的心理差距甚远。这是因为，在黄昏时刻破费钱财去"买"个"又光又亮"，显然没有多少必要。人们从这儿听出的印象是"为擦鞋而擦鞋"的意思。

而第二个擦鞋童的话就与此刻男女青年的心理非常吻合。"月上柳梢头，人约黄昏后。"在这充满温情的时刻，谁不愿意以干干净净、大大方方的形象出现在自己心爱的人面前？一句"约会前，请先擦一下皮鞋吧"真是说到了青年男女的心坎上。由此可见，这位聪明的擦鞋童正是传送着"为约会而擦鞋"的温情爱意。一句"为约会而擦鞋"一下子抓住了顾客的心，因而大获成功。

生意不完全是做出来的，很大一部分是谈出来的。如果你是一位老板，你必须拥有卓越的说话能力和演讲技能，让你的嘴巴充满智慧，才能说服对方、感化对方、征服对方。

鞋店老板做生意的方法是，若客人试穿皮鞋时，发觉新鞋紧了些，老板便会立刻解释：“这样才适合，因为品质良好的皮鞋，在穿着的时候，会适度地放松，很快便能适合你的脚。”若新鞋太松的话，老板又会说：“这样才合适，因为品质好的皮鞋，在穿着当中，会适度地收紧，很快就能适合你的脚。”又若是新鞋很合脚，老板会立刻高兴地说：“啊，这双鞋你穿最合适了，因为品质好的皮鞋，是不会过紧或过松的，并且形态永远不会改变。”

所以，无论皮鞋是否真的合脚，老板都可以将鞋卖出去。若将这三句话并列在一起让人听，就可发现其中有很奇妙的地方。倘若只是一句话，会令人感到：“是吗？品质好的皮鞋真的是如此吗？”于是，就相信老板所说的话了。

这是做生意的要诀，大部分的生意人都使用这种诡辩的技巧，来大量销售其产品。

另外，百货公司卖领带的专柜小姐也是充分地利用口才来售货。

卖领带的专柜小姐所接受的职业教育是，若发觉顾客在摸领带或注视领带时，就尽力劝顾客买。

如果是年轻男士在看华丽鲜艳的领带时，便说：“先生，您真有眼光，年轻人打这种华丽鲜艳的领带，是最合适的了。”

若他是注视朴素的领带，则说：“年轻人系朴素淡雅的领带，看起来反而高雅大方。”

如果是中年男士选择华丽的领带，就劝说：“这领带一点也不鲜艳，像您这样的年纪系这种领带，一定显得高贵庄重。”反之，中年男士选择与年龄相配合的领带时，则说：“这领带很适合您，太过于鲜艳的颜色，看来反而显得庸俗，显不出您的高贵气质。”

往好的一方面解释，店员对顾客的建议，可使顾客对自己的眼光产生信心，也可以说这是一种服务。

商务活动是企业间利益争夺的核心战场，是一种充满智慧的活动。沟通已成为商务活动中打开局面的制胜法宝！沟通从“嘴”开始，你若不会说，不会表达，纵有满腹经纶，想击败与征服对方也是十分困难的。

归根结底一句话：“生意是说成的。”

场面话该说还要说

会说场面话并不是为人狡诈的象征，而是疏通人际关系的一种手段。场面话说得到位不到位，直接影响着你的人脉网的广与狭。但是，听场面话时，必须动动脑子，认真辨别真伪后再确定信还是不信。否则，吃亏上当的还是你自己。

在与人交际中，我们经常会听到这类场面话，如“你的事情包在我身上”“我全力帮忙”“有什么问题尽管来找我”。像这类场面话，有时不说真的行不通。因为对方来求你，如果你当面回绝了对方，势必会将场面弄得很尴尬，得罪人是在所难免的。另外，如果你碰上的是那种难缠的人，为了让你帮忙，他死缠着你不肯离开，那将是一件令人头疼的事。这时，只能用场面话先把他打发掉，他所托你办的事情，能办到的尽力办，不能办到的日后再说。

总而言之，在待人处世中，场面话该说还要说，有时候，不说场面话真的很难脱身，而且还会影响你的人际关系。

汉高祖刘邦灭楚、平定天下之后，开始对他的臣子论功行赏。这时，就出现了彼此争功的现象。

刘邦认为，论功劳，萧何最大，封他为侯最合适不过，给他大量的土地也实属应该。可是，其他人却不服，私下里议论纷纷。大家都说：“平阳侯曹参身受 12 处伤，而且攻城略地最多。论功劳，他应该最大，应当排第一。要封地，他也应该占最多。”

刘邦心里知道，因为封赏问题，委屈了一些功臣，自己对萧何是偏爱了一点。可是，在他心目中，萧何确实应该排在首位。身为皇帝，他无法对这一想法明言。

正当为难之际，关内侯鄂君似乎揣摩出了刘邦的心思，不顾众大臣反对，上前说了一些言不由衷的场面话：“群臣的意见都不正确。曹参虽功劳很大，攻城略地很多，但那只不过是一时的功劳。皇上与楚霸王对抗四年，丢掉部队、四处逃避的事情时有发生。是萧何常常从关中调派兵员及时填补战线上的漏洞，才保汉王不受太大的损失。

“楚、汉在荥阳僵持了好几年，粮草缺乏时，是萧何转运粮食补充关中所需，才不至于断了粮饷啊！再说，皇上曾经多次逃奔山东，每次都是因为萧何，才使皇上万无一失。如果论功劳，萧何的功劳才称得上是万世之功。现如今，皇上即使少一百个曹参，对大汉王朝又有什么影响呢？难道我们汉朝会因此而灭亡吗？为什么你们认为一时之功高过万世之功呢？所以，我主张萧何排在第一位，而曹参其次。”

刘邦听了关内侯鄂君的话，自然是非常高兴，因为关内侯鄂君的场面话说到了刘邦心坎里去了。刘邦连忙说：“好，好，就这么定了。”

关内侯鄂君因揣摩出刘邦一直想封萧何为侯的心思，然后顺水推舟，投其所好，挑刘邦爱听的话说，刘邦自然非常高兴。刘邦的心愿落实了，鄂君也因此被刘邦封为“安平侯”，封地超出原来的一倍。

由此可见，场面话至关重要。假如关内侯鄂君没有趁机将场面话说出去，刘邦也不会给他封侯，扩大他的封地面积。所以说，场面话该说时还要说。但必须掌握好度，不能太不切合实际。

有人认为：“说场面话是一种可耻的行为，那是对说出去的话不负责任。”话虽有些道理，但身处现代社会，不说场面话又寸步难行。所以，场面话还是要说，只是在说之前需要考虑清楚，管好自己的嘴，尽量说一些稍微贴切实际的场面话。

话有三说，巧者为妙

有“心眼”的人说话时，总要顾及对方的感受。当他遇到话不投机的人时，总是不会以翻脸来对付，而是智慧地运用语言逻辑来回敬他，让他无言以对，自讨苦吃。

一名自认为相当有钱的男子爱上了一位气质高雅、面貌姣好的女子，于是频频打电话邀她出去约会。女子虽然三番两次地拒绝，但男子却越挫越勇，一点也不肯放弃。最后，实在是拗不过他，女子只好勉强答应和他一起吃顿晚饭。

男子选了一个灯光美、气氛佳的西餐厅。因为用餐时间还没到，所以两人各点了一杯饮料，先聊聊天。男子一开口就说个没完，大谈自己收藏古董的经验，并炫耀地说他收藏的每一件古董的价钱都让人咋舌。

女子默默地听着，心里想：“你这个乏味的老古董!”

男子谈了半天，终于发现女子对这个话题不感兴趣，于是改变策略。他伸出手腕，让女子看他戴的金表：“知道吗？这块表花了我 20 多万，吓一跳吧!”

女子应景地笑了笑，仍旧不发一语。男子得到鼓励，口沫横飞地继续说：“这对我来说，只是个小数目，我每个月用来买衣服的钱都不止 20 万元！看，我身上这套西装是进口的名牌，要 10 多万元。这条领带是纯丝的，价值 1 万多元。还有这双皮鞋，别看它是踩在脚下的，这双鞋子是用进口的巴西牛皮专门到法国定做的，纯手工制作，全中国还找不到第二双呢，花了我将近 10 万元。”说着，男子得意地跷起脚来，用手指弹弹鞋子上的灰。

女子听着听着，眉头皱了起来。只见她从容不迫地把服务生叫过来，拿起菜单开始点菜：“麻烦你给我来一份价值 50 元的牛排，还有价值 30 元的生菜色拉，10 元钱的洋葱汤，还要一勺法国进口、全国找不到第二勺的冰淇淋。我想，我吃这些就够了。”服务生听了瞠目结舌：“小姐，我们的用餐每一份都有固定价格，您不是在开玩笑吧？”

“哦？你们不做这种分量？但是，我的胃口很小，太贵的东西我吃不起，那只好让这位高贵的先生在这里吃吧。”女子一边说一边推开椅子站了起来，又温柔有礼地对那男子说，“好好享受你的晚餐吧，先生。”

遇到话不投机的对象，你会怎么做呢？站起来就走？那只会显得自己太没礼貌，而且自得其乐的对方根本不知道是怎么一回事，完全得不到教训。当场把话说清楚呢，又未免太小题大做了，他不过是说些你不爱听的话，有必要这么义正词严吗？因此，有智慧的人说话主要是智慧地运用语言逻辑来回敬他。这样做，既不伤大雅，也能给他一个深刻的教训。